妻に稼がれる夫のジレンマ――共働き夫婦の性別役割意識をめぐって【目次】

はじめに

†政治記者、駐夫になる

「あいつ、終わったたな」「気でも狂ったんじゃないか」「俺には理解できないよなぁ」「いなくなるのは痛いが、子どもはまだ小さいしな。おまえも、子どもが遠くに離れて、生活が荒廃するよりは、一緒に行くのがよいと思う。制度があるんだから堂々と使え。そして何よりもカッコいいぞ。後輩のためにもなる」「小西さんらしい決断ですね。応援しますよ」「いい経験になるぞ。よい決断をしたと思う」「ステキです」

二〇一七年末、米国転勤となった妻に同行するため、所属する会社では男性で初めてとなる「配偶者海外赴任同行休職制度」を取得し、仕事を休職した。二児を連れて渡米し、現地で主夫＝駐夫《ちゆうおっと》（海外駐在員の夫）となることを上司に伝え、それが会社の同僚らに知れ渡った後、周囲の人々から私が直接言われたり、あるいは「風の便り」として、間接的に聞いたりした声だ。

こうして字にしてみると、半ば批判めいた見方がある一方、激励と受け止められる声も交錯していることが分かる。当時は、逡巡した末ではあったが、一度決断した以上、気持ちは前を向いていたため、周りの意見はあまり気にしていなかった。いや、実は、後押しする声ばかりを心の励みとしており、ネガティブな意見は耳に入れようとしていなかったのかもしれない。

私は一九九六年に、大手全国メディアに入社した。九年間の地方勤務を経て、二〇〇五年春、念願の本社政治部に配属された。以後、朝から深夜まで日本政治の最前線に立ち続け、二度の政権交代をはじめ、幾多の政治ドラマを目にしてきた。永田町で政治記者として働き続けること、実に一三年間。その間、結婚し二人の子宝にも恵まれた。すべてが順調だった。

築き上げてきたキャリアを一時的とはいえ中断せざるを得ないことに、まったくためらいがなかったと言えば、嘘になる。午前中は何も決まっていなかったことについて、午後から夕方にかけて一気に物事が動き出し、その日のうちに結論が打ち出されるようなスピード感に溢れているのが政治の醍醐味だ。その取材現場から数年間離れるのは、怖かったというのが正直なところだった。

同期からもどんどん取り残されていくのは必至だ。帰国後に復帰しても、自分のポジションは果たして用意されているのか。その後のキャリア形成は大いに不安だった。それに、休職ゆえ、欠員補充はされない。激務を続ける同僚の負担は増し、迷惑をかけることにもなる。

何よりも、日本の中心でもある永田町で仕事漬けだった自分が、妙なプライドを捨て去り、主夫=駐夫なんかになれるものなのか。妻のキャリアを優先し、自らのキャリアをセーブする。どういう毎日になるのだろう。しかも、初めての海外生活だ。

一度は、心の中で自分なりに折り合いを付けたはずだった。それでも、憧れの国・米国で始まる新生活が楽しみな反面、数え切れないほどの不安にさいなまれながら、ニューヨーク行きの航空機に乗り込んだのを思い出す。

†「男は仕事」の呪縛

私が、こうした不安に駆られたのは、「男は仕事、女は仕事と家事・育児」とする硬直的かつ固定的な性別役割をめぐる観念に、完全に囚われていたためだと思う。

いわゆる「日本的雇用慣行」の世界には、「男は仕事」という価値観が今も跋扈している。男性が、組織に属したまま給付金も支給される育休とはまったく異なり、数年単位で日本を離れてキャリアを中断し、収入が絶たれることは、日本的雇用慣行との親和性に欠ける。日本以外で生活した経験がなかった私にとっても、受け入れがたいことだった。

「男は仕事」という価値観に支配された社会では、社会的地位の獲得や成功を目指す競争から離脱し、稼ぎ手の役割を果たさない男性は「男から降りた者」とみなされる。数年にわたるキャリアの中断は、まさしく稼ぐ力＝稼得能力を喪失することを意味する。メインの稼ぎ手として家族を扶養していた身から、子どもと共に配偶者に扶養される立場になる。長年働いてきた自分に対する自信の喪失であり、新卒以来、日々の仕事に向き合い続けた結果、経歴や経験を積み重ねてきたというキャリア意識の喪失でもある。

渡米前の時点でも、これらについて頭では理解していたつもりだった。ただ、実際にその立場に置かれてみると、当たり前のように働いていた自分から、働いていない身に転じた自分が何者なのかが分からなくなってきた。肩書は「共同通信の小西さん」から「〇〇ちゃんのパパ」に変化した。いわゆる「アイデンティティー・クライシス」、若者に多くみられる自己同一性の喪失が、中年に差し掛かった四五歳にも訪れたのだった。

そして、妻は念願の海外勤務を叶え、バリバリ働く一方、周囲から「妻よりも下に見られているのではないか」との猜疑心のような感情も時折、脳内をよぎるようにもなった。在米中、幾度も苦しい瞬間に襲われた。

ジェンダー平等の考え方が少しずつ浸透し始めていたとはいえ、男性優位社会が続く日本で暮らし、働いていた私にとって、キャリア中断がもたらすアイデンティティーの喪失は、ごく自然の流れだったと思う。長時間労働の激務に追われ、心身ともにタフさが求められる永田町の政治記者には、常に「マッチョ」であることが求められていた（と自覚している）。帰宅は深夜。週末も仕事や出張が重なり、基本的に家事や育児は時短勤務の妻に任せてきた。主たる稼ぎ手として、長時間労働と引き換えに「家のこと」を免除されるのを当然視していた。

私が国外でキャリアを中断する間、海外駐在員となった妻は対照的に着々とキャリアを重ね、帰国後は駐在経験を生かして「出世」することになる。日本で働いていた当時は、業界も職種もまったく異なる上、私のほうが年収は上回っており、妻をライバルと感じたことは皆無だった。ところが、渡米後は、次第に焦りや不満の度合いをエスカレートさせていた。恥ずかしい話ではあるが、酔った勢いで、八つ当たりをしたような記憶もうっすらだが残っている。

†セカンドキャリアへの不安

米国在住中は、会社支給のパソコンをほぼ毎日開き、メールを欠かさずチェックしていた。妻の帰国時期がいつになるか見通せなかったものの、帰国となれば復職し、再び働くつもりだったためだ。

三年三カ月の米国生活を終え、日本に帰国したのは二〇二一年春のことだった。その四カ月ほど前に、帰国することが本決まりになった際、次のキャリアとして考えたのは、大学院への入学だった。帰国の本決定に先立ち、会社の休職制度で定められた三年の期間の期限切れを迎えたため、同行を決断した時以上に悩んだものの、コロナ禍真っ最中の米国に妻子だけを残す不安は払拭できず、最終的に退社することにした。

当時の私は、自分も含めて「男性のキャリア中断が一般的ではない日本社会において、帰国後の駐夫はキャリアを再構築するにあたって、極めて不利な状況に置かれるのではないか」と考えていた。検証したかったのは、これに加えて、駐夫になった私が抱いた複雑な感情は、自分だけのものなのかということ。そして、他の駐夫は帰国後のキャリア再設計をどのように進めてきたのか、異国で活躍した妻との関係性はどうなっているのか――。

これらに関し、自分の経験だけにとどまらず、学問として捉え直した上で、世に何かしらの問題提起や実情を訴えることができたら、今後の男性キャリア形成のあり方について、一つの処方箋を示すことにもなるのではないか。硬直的なジェンダー役割規範がいきわたり、男性のキャリア中断に及び腰な日本社会全体に向けて、何かしらの波紋を広げることにもなるのではないか。そんな思いを抱いていた。

こうした課題意識に基づいた修士論文をまとめてみたい――。まだ入試日程が残っていた社会人大学院を探し、米国でオンライン面接に臨み、二〇二一年四月、社会人大学院の門をくぐった。以後、二年間にわたって、研究活動に没頭した。

修士論文では、駐夫すなわち「配偶者の海外赴任に同行した男性」を経験し、日本に帰国済みの男性（二〇代~四〇代）で「国外に一年以上滞在し、帰国してから一〇年未満」に該当した調査対象者一〇人に対するインタビュー調査を実施し、質的研究で分析した。

彼らに着目することで、新たな男性のキャリア像のあり方を浮かび上がらせた上で、渡航前、現地滞在中、帰国前後におけるキャリア意識の変容を探った。また、現地で新たに獲得したスキルや既存スキルを伸ばしたことが、キャリア中断が帰国後のキャリア設計にどのような影響を与えたのか、海外生活経験から得られたキャリアや働き方を巡る新たな価値観がどのように作用したのかなどについて、解明に努めた。

†男はみんなつらいのか

米国滞在中の二〇一八年に、私はフェイスブック上で、現役の駐夫、駐夫経験者、プレ駐夫が集う「世界に広がる駐夫・主夫友の会」を立ち上げた。駐夫という言葉は、私が渡米した時点で、ネット上では確認できなかった。ひょっとすると、私が広めたのかもしれない。発足当時のメンバーは、わずか四人。私と同様に、今後のキャリアに対する不安や、現地生活での多大なストレスを一人で抱え込み、誰にも吐き出せず、精神的な孤独に陥る日本人男性は他にもいるのではないか。自分以外にも奮闘している同志が、世界のどこかにいると分かるだけで、励みになるのではないか。駐夫グループを立ち上げたのは、そんな理由からだった。

出産による産休、その後の育休などでキャリアの中断を迫られるのは女性に偏っているのが現状で、男性のキャリア中断はまだまだ希有であると言える。そうしたなかで、配偶者の海外赴任を受け、休職や退職をした上で帯同し、日本におけるキャリアの中断に踏み切った男性たちの実像は、まだまだ知られていない。本書では、妻の海外赴任に同行した駐夫経験者一〇人のインタビューから、彼らの意識変容や就業行動、キャリア設計に向けた道筋を浮き彫りにする。ここから男性優位が指摘される企業文化が根強く残る日本社会で、男性がキャリアを一時的にセーブして女性を支えるという新たな夫婦像やキャリア形成観を示したい。さらに、「男は仕事、女は仕事と家事・育児」という硬直的な性別役割を交換した、多様な家族形態を紹介する。

また、本書執筆にあたり、海外駐在という極めて限られた領域から飛び出して、「経済力や社会的立場で妻より劣っていると自認する男性たち」に対し、新たにインタビューを実施した。登場するのは、妻が会社を経営する研究職の内田さんと、夫婦ともに政治家の渡辺さんだ。(いずれも仮名)

彼らは駐夫と同様、世の中の流れに先んじて、夫婦間で性別役割を柔軟化させている。そのため、男としての複雑な思いに駆られ、モヤモヤを抱えている。女性の社会進出が一段と進むことによって、妻が収入や社会的地位で夫を上回るカップルは、ますます増えていくと考えるのが自然だろう。こうした状況に苦しむ二人の姿は、この先の日本人男性を取り巻く状況の未来予想図になるのではないだろうか。

両者を論じることで、近年指摘されるようになった「男の生きづらさ」のあり方が、より立体的に見えてくるだろう。それによって、男女を問わずジェンダー平等意識を日本でも一段と浸透、醸成させていくことの意義はあるものと考えている。

本書の元になった修士論文の調査方法や研究方法は、巻末にまとめて掲載する。

また、文中で紹介する発言については、モヤモヤ感をよりリアルに伝えるために、あえて修正は最小限にした。悩みや苦しみを吐き出すのが苦手とされる男性が、インタビューに応じてくれた思いを尊重したい。

第一章

令和の潮流、海外で妻を支える駐夫

1　新たな夫婦スタイルの模索

†「妻は家庭を守るべき」に反対六四％

「夫は外で働き、妻は家庭を守るべきである」という考え方について、どうお考えですか。

賛成　三三・五％
反対　六四・三％

内閣府が二〇二二年、一八歳以上で日本国籍を持つ五〇〇〇人を対象に実施した「男女共同参画社会に関する世論調査」で、実に興味深い結果が浮かび上がった。長らく日本に巣くっている「男は仕事、女は家事・育児」という考え方に対し、過半数が「ＮＯ」を突き付けたのだ。反対と賛成のあいだに、ほぼ倍の開きがあることにも注目したい。

設問や調査方法が異なるため、単純には比べられないものの、同じ趣旨を尋ねる質問に

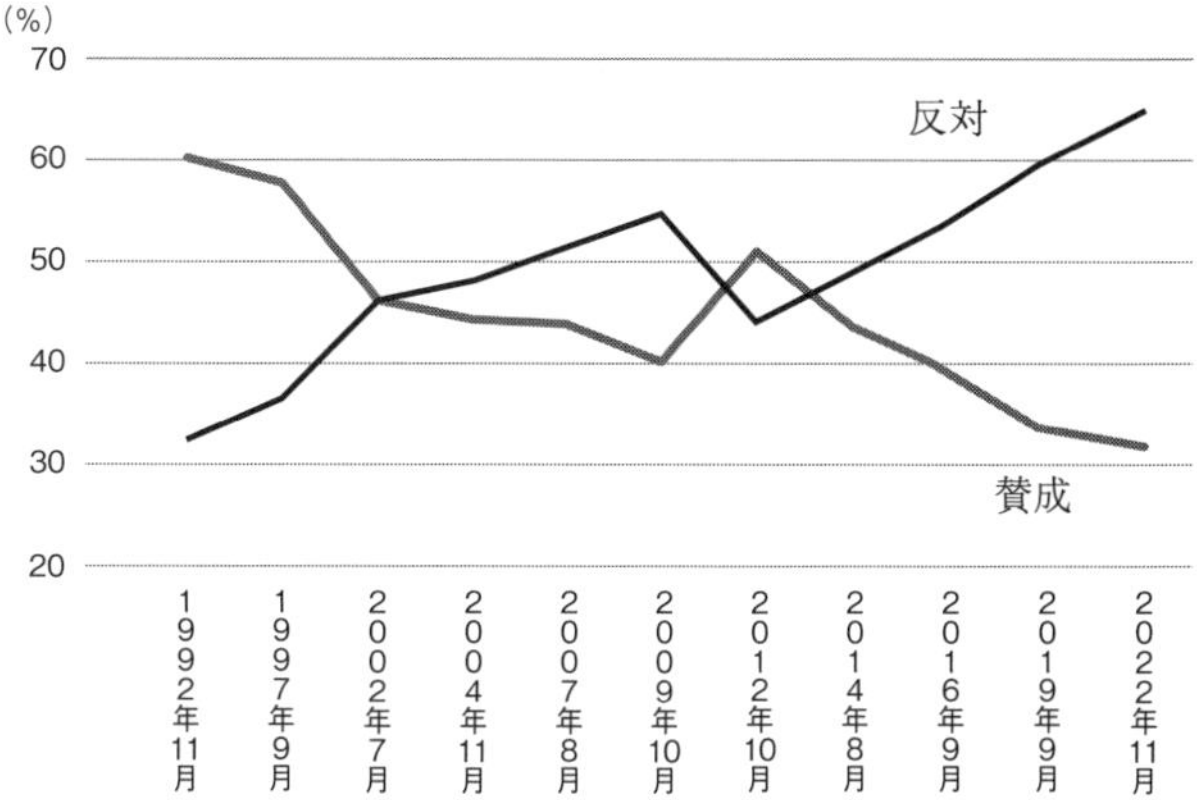

図1-1 「夫は外で働き、妻は家庭を守るべきである」という考え方に対する意識の変化
男女共同参画社会に関する世論調査（内閣府、2022）より作成

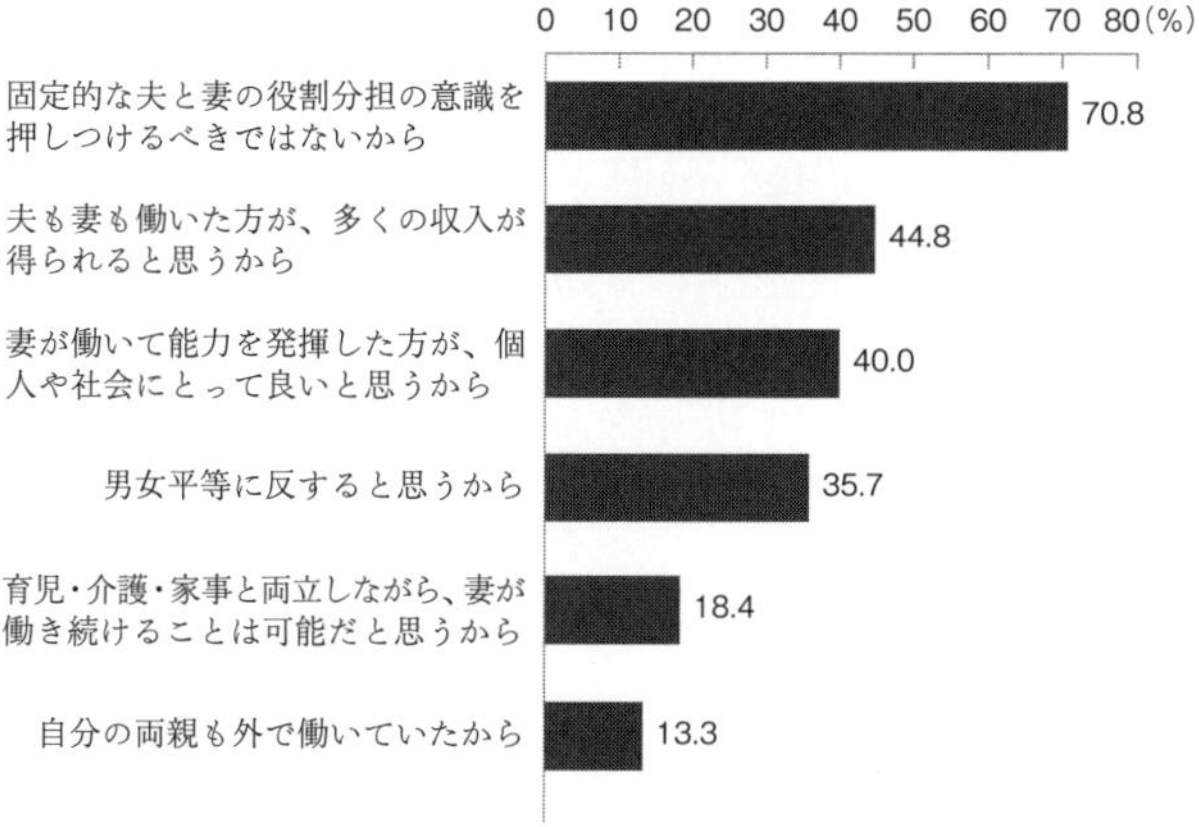

図1-2 「夫は外で働き、妻は家庭を守るべきである」という考え方に反対する理由
男女共同参画社会に関する世論調査（内閣府、2022）より作成
「夫は外で働き、妻は家庭を守るべきである」という考え方について「どちらかといえば反対」、「反対」と答えた者に、複数回答。総数（n＝1,831人、M.T.＝223.8％）

対し、反対する声は年々高まっている。バブル期終盤の一九九二年には、反対が三一・〇%にとどまっていた。その後、次第に上昇し、二〇〇七年に五二・一%と初めて半分を超えた。二〇一二年、二〇一四年は五割を切ったが、女性活躍推進法が施行された二〇一六年に再び上向き、前回二〇一九年は五九・八%だった(図1-1)。

反対する理由(複数回答)を見ると、最も多かった答えは「固定的な夫と妻の役割分担の意識を押しつけるべきではないから」で七〇・八%。次いで、「夫も妻も働いた方が、多くの収入が得られると思うから」の四四・八%、さらに「妻が働いて能力を発揮した方が、個人や社会にとって良いと思うから」(四〇・〇%)、「男女平等に反すると思うから」(三五・七%)と続く(図1-2)。

なぜ、このデータを真っ先に取り上げたかと言えば、これらは本書が対象として取り上げた「駐夫=駐在員の夫」と、「妻のほうが自分より稼いでいる男たち」のいずれにも密接に関係しているためだ。

反対理由で挙げられた上位回答のうち、とりわけ、一つ目の「固定的な夫と妻の役割分担の意識を押しつけるべきではないから」は駐夫にかかわり、二つ目の「夫も妻も働いた方が、多くの収入が得られると思うから」は、「妻のほうが自分より稼いでいる男たち」に関連する。

海外赴任地では、駐在員となった妻がメインの働き手となり、帯同してきた夫は稼ぎ手の役割から離れて、家事や育児などに取り組み、妻のサポート役に回ることとなる。よって、女性駐在員と駐夫の夫婦は、固定的な夫婦の役割分担意識から解き放たれつつある現在の日本の現況を、如実に表す存在と位置付けられるだろう。

本書に登場する「妻のほうが自分より稼いでいる男たち」は、夫婦ともども働くことにより、たしかに多くの収入を得ている。しかし、収入面で妻に及ばない場合は「妻より下に見られる」ことになる。この背景には、今も残る社会的地位と経済力の両方、あるいは、どちらかを巡る規範意識があるのではないか。

†高度経済成長期に根付いた硬直的役割分担

ここからは、「駐夫」と「妻のほうが自分より稼いでいる男たち」が現われるまでの経緯を見ていきたい。

本書で繰り返し言及する、旧来の社会通念に基づく硬直的かつ固定的な性別役割意識は、高度経済成長期に「男は仕事、女は家事・育児」として、まず根付くこととなった。男性が唯一の稼ぎ手として養い、女性が家事と育児を一手に引き受けるという夫婦スタイルだ。

リクルートワークス研究所主任研究員の大嶋寧子は、こうした夫婦のスタイルを「夫婦役割1・0」と名付けている(大嶋二〇一八)。戦後の日本は高度経済成長によって、農業を主とした自営業を中心とした農村型社会から、製造業や小売業が中心の都市型社会へと、社会構造が急速に変化した。その過程で、男性の働き方は、家族と一緒に自宅近くで行う農作業から、都市部まで時間をかけて通勤する企業雇用者として働くものに変わった。都市部の地価高騰が職住近接を不可能とし、職住分離を引き起こしたのだ。男性が家を留守にする時間が長くなったため、女性が外で働くのは難しくなる。ここに「男は仕事、女は家事・育児」の原型が完成した。

高度経済成長期が終わりに近づいた一九六〇年代後半頃から、パートなどの非正規労働者として働く女性が目立ち始めるようになる。白黒テレビ、洗濯機、冷蔵庫が「三種の神器」としてすっかり普及したことで、家事に割く時間が大幅に減少し、余裕が出たためだ。オイルショックで高度経済成長が終わると、国家財政の悪化が進み、政府が社会保障費の削減を進めた。生活防衛のためにも、夫は一段と仕事に注力せざるを得なくなる傍ら、妻はパートなどの仕事を続けながら家事・育児を担う「夫婦役割2・0」が誕生した。

†男女共同参画時代の到来

高度経済成長後の安定成長期を経て、バブル経済が崩壊した一九九一年以降、夫も妻も

年	
1975年	国連が同年を「国際婦人年」と定めたのを受け、第1回世界女性会議を開催
1986年	男女雇用機会均等法施行
1991年	育児休業法が制定（その後、度々改正を重ねる）
1994年	男女共同参画本部（本部長：首相）を内閣府に設置
1997年	同年を境に、共働き世帯が専業主婦世帯を上回り続ける
2014年	国家公務員などの配偶者同行休業制度が施行
2015年	女性活躍推進法制定（2016年に施行）
2019年	男女平等に関するパリ宣言が採択
2023年	ジェンダー・ギャップ指数125位（146カ国中）と低迷続く

表1-1　男女共同参画を巡る関係年表
内閣府男女共同参画局HP（https://www.gender.go.jp/）に基づき筆者作成

仕事と家事・育児を担うという「夫婦役割3・0」に移行するとみられていたが、これは定着しなかった。

大嶋は、3・0が定着しなかった理由として、（一）バブル後の景気低迷を受け、企業が推し進めた能力給の導入や毎年の昇給見送りなどの賃金抑制策が男性を直撃し、衣食住や娯楽費などの家計支出を抑制することを選択したこと、（二）男性は長時間労働を求められるため、女性が家事・育児を担わざるを得なかったこと――などを挙げる（大嶋二〇一八）。

一九八六年に男女雇用機会均等法が施行された後、女性の就業意欲と就業率はいずれも上昇している。共働き世帯は年々増加する一方、専業主婦世帯は減少傾向にある。とくに一九九七年以降は、共働き世帯数が専業主婦世帯数を上回る状況が続いている。二〇二一年では、妻が六四歳以下の世帯のうち専業主婦世帯は二三・一%に過ぎず、女性の社会進出が一段と進んでいることがうかがえる。

政府は、男女共同参画社会のさらなる実現に向け、育児休業法を一九九二年に施行し、法律によって女性差別を禁じる流れを推し進めた。二〇一五年には、女性活躍推進法を制定し、女性の活躍を推し進めるための環境をさらに整えた。企業内の女性管理職比率に具体的な数値目標を定め、経済団体を通じて各企業に対し、比率を引き上げることも要請した(表1-1)。

2 駐夫の誕生

†配偶者海外転勤時の休職制度を創設

政府は二〇一三年、女性の採用や登用促進、男女の仕事と子育てなどの両立支援を巡り「まずは公務員から率先して取り組む」ことを掲げた日本再興戦略を閣議決定した。当時、政府は霞が関を中心とした国家公務員の女性がパートナーの海外赴任に同行するため、離職を余儀なくされることに危機感を募らせており、主に女性国家公務員が離職するのを防ぐことを目的とする人事制度の設計に、本格的に乗り出したのである。

これを踏まえ、国家公務員が配偶者の海外転勤に同行する際、最長三年間の休業を認める「配偶者同行休業法」が二〇一三年に成立、翌二〇一四年に施行された。合わせて、地方公務員や裁判官、国会職員にも同様の制度を創設する法律がそれぞれ成立した。施行してから二〇一八年度までの間で、国家公務員の休業取得者は男女合わせて三三八人に上っている。

霞が関の動きを受け、民間でも「配偶者の海外赴任はキャリア形成を阻害する」として、国が定めた同行休業制度と同様の休職制度を導入する企業が大手を中心に相次いだ。

官民双方の配偶者同行休職・休業制度は、配偶者が海外異動を命じられたり、自らの意思によって国外で働いたりする際、もう片方の配偶者が帰国後のキャリア継続を可能としつつ、家族と国外で暮らすワーク・ライフ・バランスを図る上で、非常に意義のある制度だ。

また、時差があり、言葉や文化、慣習が違う諸外国において、新生活の立ち上げには、ただでさえ想像を絶するほどの困難が伴う。公、民間いずれのサービスも高いレベルで平準化された日本から一歩出ると、日本ではあり得ないような展開が待ち受けることが多々ある。駐在員が家族より先に現地に向かい、銀行口座開設や住宅探しなどを事前に済ませ、生活を軌道に乗せた上で、家族を呼び寄せるケースでは、配偶者の負荷はそれほどでもないだろう。しかし、駐在員と家族が同時に現地に赴任した際は、新たな仕事環境への適応に追われる駐在員に代わって、帯同した配偶者が、生活の立ち上げを基本的に担うことになる。

この場合、配偶者が多大なストレスを背負い込んでしまうという事例をよく耳にする。日本で働いていた人の中には、仕事に取り組んでいた生活がガラリと一変し、新たな生活リズムにうまく適応できない人もいる。現地の文化やお国柄、国民性、食事などになかなか馴染めない場合もある。駐在員である配偶者に相談しても、不慣れな現地での仕事に精一杯で、対応できないこともあるだろう。そうした際、仕事を辞めずに休職していれば、会社・団体に属し続けているという安心感が心のよりどころとなる可能性がある。精神的に不安定な状態に陥ることを、一定程度避けられるかもしれない。

†妻に同行する男性、駐夫の出現

企業活動のグローバル化に加え、女性の活躍や人材の多様化に伴い、海外への赴任者は男性に限られなくなっている。企業や団体から国外勤務を命じられ、現地に赴く女性駐在員の増加という動きが見られるのだ。

労働政策研究・研修機構の「海外派遣勤務者の職業と生活に関する調査結果」（二〇〇六年調査）によれば、海外派遣者の性別内訳は、男性九八・二％、女性一・〇％と男性が圧倒していた。帯同者は、女性が九九・五％、男性はわずか〇・五％だった。

外務省の「海外在留邦人数調査統計平成30年要約版」（二〇一七年一〇月一日現在）によれば、駐在員とは定めていないものの、海外に長期滞在する民間企業関係者の比率は男性八七％、女性一三％となっている。また、女性の民間企業関係者の推移をみると、二〇一五年から二〇一六年にかけて約四・六％、二〇一六年から二〇一七年にかけて約三・五％、それぞれ増加している。データが異なるため、単純比較はできないものの、依然として男性が圧倒的である一方、女性駐在員が増えている傾向が見て取れる。

一方、帯同者をみると、男性が目立ち始めている。一例として、国家公務員による配偶者同行休業制度の活用事例を見てみよう。人事院のデータによれば、二〇二二年度に同制度を活用した職員は八三人で、うち女性が七四人、男性は九人である。また、二〇二〇年度も、九人の男性が活用した。二〇一八年度の男性活用は三人にとどまっていたことを考えると、男性職員の活用者が増加し、制度として定着していることが分かる。

また、「はじめに」で述べたように、私が米国在住中の二〇一八年に立ち上げたグループ「世界に広がる駐夫・主夫友の会」の例でいえば、発足当時は四人だったメンバー数は、五年を経た二〇二三年秋の時点では一五〇人近くに上っている。

官民いずれにおいても、こうした配偶者同行休業制度がつくられた上、本人のみならず各方面からの理解が広がり、本格的に運用されるようになってきた。そして、女性だけでなく男性の休職制度利用の増加が際立っており、ジェンダーを超えた休職制度の活用が広がっている。ただし、法律によって制度が担保されているのは、国家公務員や地方公務員、裁判官らに限られている。さらに、休職制度を独自で導入している会社・団体に所属している人だけが使えるという点には注意しておく必要がある。すべての人が対象となっているわけではないのだ。

†不十分な駐夫研究

これまでの駐在員の配偶者に関する先行研究は、女性が中心に取り上げられてきた。海外に駐在員として派遣されるのは、男性に偏りがちだったためであり、その配偶者が異文化に適応していく様子やキャリア中断に直面した葛藤、帰国後の再就職の難しさなどに関する研究が積み上げられてきた。国外論文に目を転じると、同行男性に焦点を当てた研究が一九九〇年代後半から登場しているのが確認できるものの、極めて寡少だ。

しかしながら、前項で見たように、日本でもここ数年、男性の帯同者も増えている。

二〇一四年以降、休職制度が浸透したことによって、職を失う心配がなくなった女性（妻）が男性（夫）の赴任に同行するためのハードルは間違いなく下がったことだろう。他方、駐在員となった女性（妻）に男性（夫）が同行しやすくなるという結果をもたらすことにもなった。「男性駐在員と女性同行配偶者」に限られていた駐在員夫婦の形態が、その逆のパターンを生み出し、新たなロールモデル化が進んでいる。

先に紹介した大嶋は、夫と妻が仕事と家事・育児の役割を柔軟に交換したり、分担したりする「夫婦交換4・0」が今こそ求められていると指摘する。稼ぎ手が一人に限定されることで生じかねないリスクの分散や、片方が一時的にキャリアをセーブしながら起業や転職を考える時間を捻出できること、家事・育児などの仕事以外の役割を担うことができるというメリットがあると強調する。

これを駐在員夫婦に当てはめて考えてみると、これまでは女性に偏っていたキャリアの一時的なセーブが、男性にも及び、弾力的に役割を交換したということになろう。女性駐在員と帯同した男性は、夫婦間の性別役割分担において、新たな夫婦のスタイルを既に確立しているというのは、決して過言ではないのではないか。

しかしながら、これらについて言及した国内の研究は、見当たらなかった。

†夫のキャリアはどうなるのか

海外赴任の男性に同行した女性である駐在員妻（＝駐妻）を取り上げた先行研究では、配偶者の海外転勤は結婚や出産・育児、介護などと並び、女性のライフステージの一つとして、女性が就業を継続するにあたって大きな影響を与えている実態が示されている。

私も米国在住中、男性配偶者の海外赴任に同行するために退職や休職などキャリアの中断を迫られたものの、帰国後のキャリア形成を着実に見据えて、語学力向上や資格取得、現地就業に注力する日本人女性を何人か見かけた。配偶者の海外赴任によって引き起こされたキャリア中断を活用し、前向きに努力を続けている様子がうかがえ、とても印象的だった。

その一方で、夫の赴任を受け、仕事を辞めて仕方なく付いてきたために、自己のキャリアを台無しにされたという「被害者意識」を前面に出す人も少なくなかった。

退職や休職をして配偶者の海外転勤に同行した男性のキャリアに対する考え方は、こうした女性たちと同じなのだろうか。私が見かけた女性たちのように、現地滞在中から帰国後のキャリア形成を考えて、現地生活のなかで、前向きに努力を続けているのだろうか。または、被害者意識のほうが大きいのだろうか。男性のキャリア中断を後ろ向きに捉えがちな固定観念や社会的通念を踏まえると、数年間もの駐夫・主夫生活は、キャリア形成の上で問題が生じるのではないか。一連の過程で、どことなくモヤモヤを感じることはないのだろうか。疑問が次々に湧いた。

ライフステージの変化によって、キャリアを一時的に中断することは、女性にとっては一般的だが、主体的にキャリア中断に取り組む男性はまだまだ少ないのが実態だ。依然として低迷が続く育休取得率を見ても明白だろう。

キャリアを中断して同行した男性の中には、休職制度を活用した人もいれば、所属企業や団体に休職制度が導入されておらず、渡航前に退職を余儀なくされた人もいる。仕事を辞めた男性にとっては、帰国後の再就職はハードルが高いのではないか。帰国後にキャリアを再構築するにあたり、キャリア中断が障害となり、極めて困難な状況に置かれるのではないか。

元の所属先に復帰することが約束されている休職取得中の男性であっても、帰国したら、すんなりと戻れるものなのだろうか。数年間の海外経験を経て、異なる文化や価値観に触れ、成長実感を得られた人が、元の職場に収まりきれるのだろうか。

前述したとおり、女性の海外赴任に同行した男性を論じた研究は、海外論文にごくわずか蓄積されているだけで、外国人男性が取り上げられているに過ぎないのが実情だ。海外と比べて際立った特殊性が指摘される日本的雇用慣行下で、キャリアを重ねてきた日本人男性のキャリア中断についての実態は分かっておらず、あまりにも多くの疑問点が残されている。

†女性の収入の増加

一方、女性の社会進出が進むことで、女性の収入は増加し、夫よりも妻のほうが稼ぐ家庭が着実に増えていることは、統計で裏打ちされている。第五章で取り上げる「妻のほうが自分より稼いでいる男たち」のうち、妻の収入が上回っている内田さん夫妻のようなケースだ。

総務省の「労働力調査」によれば、妻が年収一〇〇〇～一五〇〇万円で、夫がそれを下回っている共働き世帯数は、二〇二〇年が一万世帯だったのに対し、二〇二二年には三万世帯に増えている。妻の年収が七〇〇～一〇〇〇万円でも、同様の傾向が出ている。

国税庁の民間給与実態統計調査結果によると、二〇二二年分の女性の平均年収は三一四万円で前年よりも三・九％増えた一方、男性は五六三万円で増加は二・五％にとどまっている。女性の平均年収は、男女雇用機会均等法が施行された一九八六年は、二一三万円だった。以後、多少の増減こそあるものの、ほぼ右肩上がりで増えている。

3　海外駐在とその家族の実情

†新型コロナ流行で遠くなった海外

二〇二〇年に始まった新型コロナウイルスの感染拡大は、世界を震撼させ、国境を越えた人々の往来は制限されることとなった。日本政府が取っていた厳しい入国制限によって、日本を訪れる外国人は大幅に減少した。同時に、日本人にとっても海外を訪問することが難しくなり、海外がやや遠い存在になってしまった人も少なくないだろう。

本節ではさまざまな統計をもとに、海外駐在員とその家族の実情を紹介し、イメージをつかんでもらえればと思う。

†バブル期に日本人街が出現

日本企業による海外事業展開が進展したのは、一九八〇年代以後である。商社のほか、自動車や家電などのメーカー、銀行や運輸、サービス業などの各企業が、一九八〇年代後半から一九九〇年代初頭にかけてのバブル景気に伴い、続々と国外での事業を拡大し、海外に出向く日本人駐在員は増加の一途をたどった。

私が住んでいた米・ニュージャージー州のフォートリーという町は、バブル期には日本人街として、多くの駐在員家族で賑わっていたという。ハドソン川対岸のニューヨーク・マンハッタンに通う人、ニュージャージー州内の職場に車で通勤する人、その同行家族らが異国生活を送っていた。現地滞在中、ある日系企業が高層アパートを丸々借り切っていたという話を聞いたことがある。

現在、海外で暮らす日本人（在留邦人）の総数は、最新の統計によれば、一三〇万八五一五人（外務省の海外在留邦人数調査統計、二〇二二年一〇月一日現在）に上っている。うち、海外生活は一時的でいずれ日本に帰国する予定の「長期滞在者」は七五万一四八一人で、全体の約五七％を占める。駐在員とその家族は、この中に含まれている。他は「永住者」で、五五万七〇三四人となっている（表1-2）。

在留邦人数は、二〇二〇年の新型コロナウイルスの感染拡大まで、ここ数十年にわたり一貫して増加していた。二〇一九年一〇月一日時点の一四一万三五六人は、調査を始めた一九六八年以降では最多で、長期滞在者も同年は八九万一四七三人と過去最多だった。

在留邦人のうち、駐在員とその家族が含まれる長期滞在者の推移を見ると、二〇二〇年から毎年減少している。コロナ禍を受け、駐在員は現地に残り家族を日本に帰したり、会

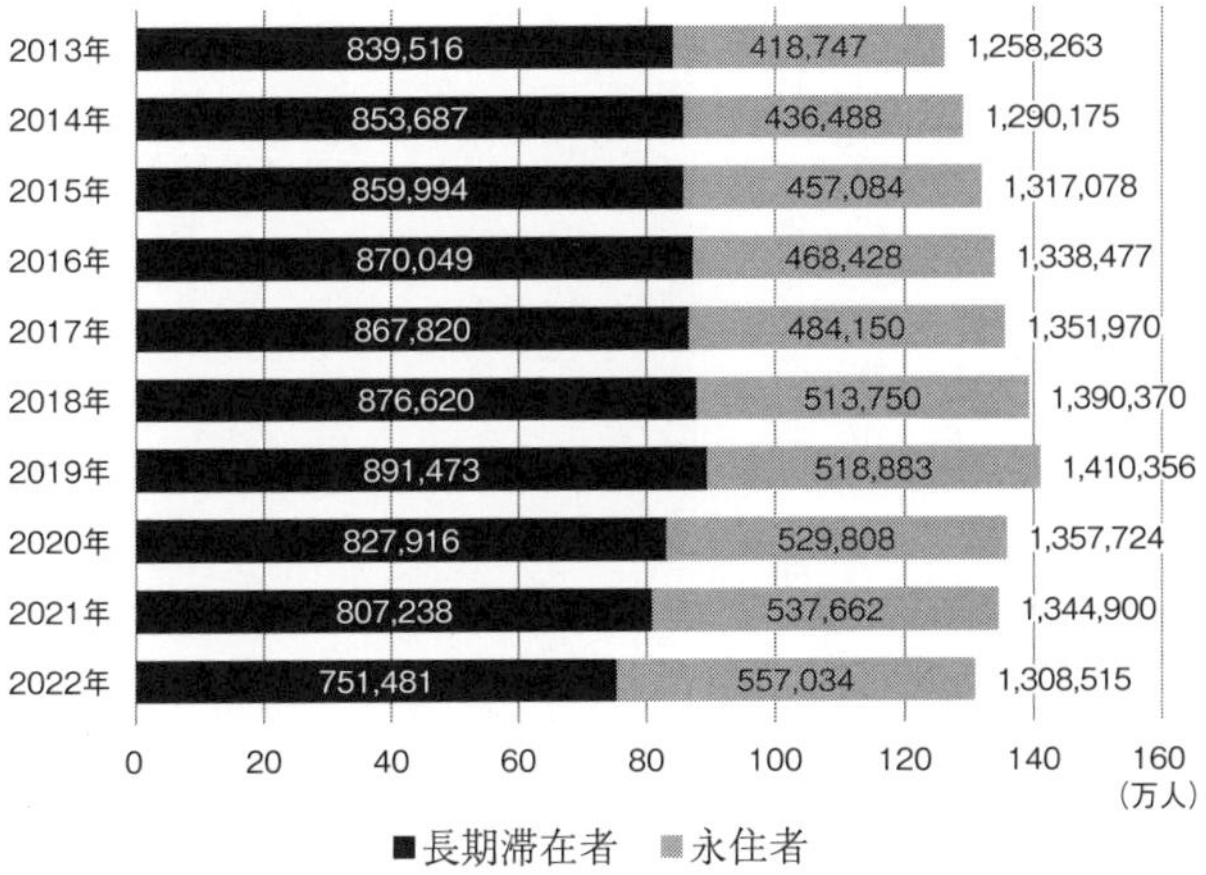

表 1-2　海外在留邦人数推移
海外在留邦人数調査統計（外務省、2023 年）より作成

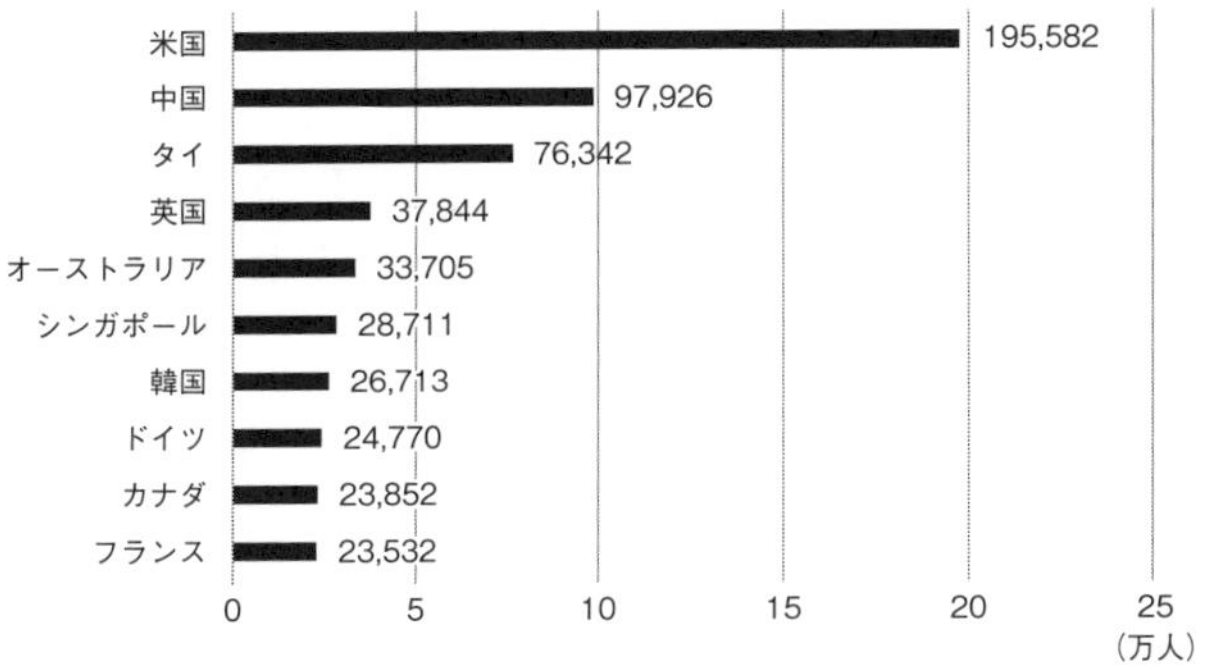

表 1-3　海外に長期滞在する日本人の数（2022 年、国別）
海外在留邦人数調査統計（外務省、2023 年）より作成

社の命令で駐在員家族ごと帰国したりする動きが広がったためとみられる。

では、約一三〇万人に上る在留邦人のうち、駐在員とその家族ら長期滞在者の約七五万人は、世界のどこに分布しているのだろうか。

二〇二二年一〇月一日時点で長期滞在者が最も多いのは米国で、一九万五五八二人と他国を圧倒している。以下、中国（九万七九二六人）、タイ（七万六三四二人）、英国（三万七八四四人）、オーストラリア（三万三七〇五人）、シンガポール（二万八七一一人）、韓国（二万六七一三人）、ドイツ（二万四七七〇人）、カナダ（二万三八五二人）、フランス（二万三五三二人）が上位一〇カ国となっている（表1-3）。

†家族の帯同判断は本人任せ

日本在外企業協会の「海外・帰国子女に関するアンケート」（二〇二一年調査）によれば、海外派遣者の家族帯同について「完全に本人に任せている」が六四％で最も多く、「家族帯同を推奨しているものの最終的には本人に任せている」が三二％、「家族帯同を原則としている」は四％となっている。実際のところ、海外派遣者のうち、家族を帯同した人の割合は三八％で、二〇一九年の前回調査と比べて七ポイント減少している。

企業としては、配偶者ら家族が帯同すれば生活のサポートが受けられ、単身赴任となった場合より生活コストが減るなどの利点があるものの、配偶者の就業継続や介護、子女の教育など各々の事情を考慮すると、最終的な判断は本人に委ねている。配偶者・家族の帯同については、あくまでも派遣者本人の意思が尊重されていると示唆される。

海外赴任に同行した配偶者の意識をまとめた労働政策研究・研修機構の「海外派遣勤務者の職業と生活に関する調査結果」(二〇〇六年調査)によれば、同行を希望した理由として、「配偶者や家族と一緒に過ごせる」(七〇・五%)が最多で、「赴任地の魅力」(四九・八%)、「語学力の向上・発揮」(二九・五%)、「子どもの教育に有利(一九・六%)」、「自分のキャリア形成に有利」(八・六%)と続いている。

駐在員に同行することについては「希望通りだった」が二三・五%、「どちらかといえば希望通りだった」が二七・二%となっており、合わせて半分を超えている。これに対し「全く希望にあっていなかった」、「どちらかといえば希望にあっていなかった」がそれぞれ、七・一%、一〇・八%に上り、不本意ながらも同行した人が一定数に上っている様子がうかがえる。

同行を希望していなかった理由として、半数近くの四八・八%が「語学力に問題がある」を挙げた。他には、「地域が自分の希望に沿わない」が三八・四%、「子どもの教育に不利」の二九・九%、「自分のキャリア形成に不利」が一四・〇%などの回答があった。

北米に同行した人では「地域が自分の希望に沿わない」と答えたのは三・四％、欧州に同行した人でも一四・三％にとどまったのに対し、アジアでは五五・八％、アフリカは七一・四％だった。欧米とそれ以外で、くっきりと分かれている。

†休職制度がある企業は三・九％

労働政策研究・研修機構の「企業の転勤の実態に関する調査」（二〇一六年調査）によると、配偶者が転勤になった際の休職制度が「ある」と回答した企業は、わずか三・九％で、導入を検討中は一・六％だった。うち、制度が適用されるのは「海外転勤のみ」が五八・三％、「国内・海外転勤いずれも」が三三・三％となっている。休職期間の上限は「三年」が最多で五二・八％、「三年以上」が二〇・八％、「二年」が一二・五％、「一年」の一一・一％と続いた。

前出の「海外派遣勤務者の職業と生活に関する調査結果」によれば、海外赴任に同行した配偶者の三三・九％が「赴任前に仕事をしていた」と回答し、うち「正社員」が三九・四％、「パートタイマー」が三四・二％、「契約社員・派遣社員」が一五・二％となっている。

仕事を辞めた際、駐在員となった配偶者の所属先企業から所得の補塡やサポートが得られたかどうかに関し「所得の一部補塡がある」との回答は一・六％にすぎない。また、現地の仕事に関する情報の提供が「ある」は〇・六％、現地での雇用機会の提供が「ある」も同じく〇・六％と、ごくわずかにとどまった。同行した配偶者に対し、現地での就労やキャリア形成、所得補充のサポートをする姿勢が著しく欠けていることが如実になっている。実際、現地に赴任した後に「収入を伴う仕事をしている」と答えた同行配偶者は三・一％にとどまっている。

同じ調査では、帯同した配偶者が現地での滞在を終えて、日本に帰国した後のキャリア形成についても尋ねている。帰国後の就労希望に関して、「仕事をしたくない人」の三三・四％が、「仕事をしたい人」の二九・〇％を上回っている。

何もやっていない	48.9％
語学力を身に付ける	34.2％
資格を取得する	15.4％
仕事上の人的ネットワークの形成	10.9％
求人情報を集める	4.5％

表 1-4　帰国後の就労を見据えて現地で進めていた準備（複数回答）
「海外派遣勤務者の職業と生活に関する調査結果」に基づき筆者作成

また、帰国後の就労を見据えて現地滞在中にどんな準備をしていたかとの問い（複数回答）では、「語学力を身に付ける」（三四・二％）、「資格を取得する」（一五・四％）、「仕事上の人的ネットワークの形成」（一〇・九％）、「求人情報を集める」（四・五％）などの一方、「何もやっていない」(四八・九%)が半数近くに上った(表1-4)。

帰国後の生活不安(複数回答)では、「子どもの教育問題」(五三・八%)、「国内の事情に疎くなっている」(三三・一%)に次いで、「帰国後の就業」(二二・八%)が位置しているのが目を引く。キャリアの再構築に関し、不安を抱えている実情が浮き彫りになっている。

†アイデンティティーの喪失

現地で働く駐在員、駐在員を支える配偶者はそれぞれ、海外に渡航してから新たな仕事に追われ、子どもの学校入学手続きなど生活の立ち上げに奔走する。慣れ親しんだこれまでの環境を離れ、慣習や言葉などが異なる国に引っ越して、スムーズに適応できるのだろうか。

在ニューヨーク日本総領事館のホームページによれば、駐在員が現地での仕事や生活に順応していく際には、五つの心理的な過程があるとしている。

赴任してから数週間から数カ月の期間は、挨拶回りや引き継ぎに全力で取り組むため、精神的な問題は起きにくいものの、そうした業務がひと段落すると、現地生活の不便な面などが見えてくるため、心身不調に陥りやすい時期になる。数カ月から一年ほど経ち、その段階を乗り切れば、日本と滞在国の違いを相対化して、現地のメリットもデメリットも肯定的に捉える諦観期に入る。現地生活にすっかり溶け込み、日々の出来事を楽しめる適応期を迎えるには、だいたい一年かかる。二、三年経過すると、日本を懐かしむ望郷期に入るという。

また、同ページでは駐在員に対し、同行してきた妻のメンタルヘルスについて、日本時代よりも注意を配る必要があると指摘する。

妻が抱きがちなメンタルヘルス問題としては、(一)やむを得ず仕事を辞めて付いてきたことで、キャリアを失った感覚に陥る、(二)夫の付属物になったような自分が不満で、アイデンティティーを喪失する、(三)日本人コミュニティとの付き合いでストレスを抱える——などを挙げた上で、「国外生活では夫婦の絆が試される」と、夫によるサポートの重要性を示す。

現地で形成される日本人駐妻のネットワークは、相互にサポートし合う機能がある肯定的な側面がある一方で、狭い日本人社会の実態を知ることとなり、対人関係によるストレスや煩わしさを引き起こす原因にもなる(佐藤二〇〇一)。日本人同士が異国で助け合いながら生活する反面、周囲に親族や友人・知人が多数いた日本時代と比べると、頼れる人が限定される海外生活では、一段と閉ざされた世界に陥りがちだ。

在米時代、どこに行っても、数少ない男性の同行者として珍しがられた私は、日本人社会の中の人間関係という点では、それほどストレスを感じたことはなかった。対人関係で悩みを抱えていた複数の駐妻から、「男性だと、面倒くさいトラブルに巻き込まれなくて良いですね」などと羨ましがられたことがある。

†同行が有利か不利か見極め

以上、様々なデータを紹介しながら、海外駐在員とその家族を取り巻く状況を整理した。派遣する企業は家族を帯同するか否かについて、駐在員本人に任せているものの、家族は一緒に生活することを望み、現地に同行した様子が浮かび上がる。しかし、休職制度を整えている企業はごくわずかで、仕事を辞めざるを得ない状況もうかがえる。駐在員を派遣した企業は、キャリアを中断して同行した配偶者向けの支援制度をほとんど整えておらず、現地就労を希望する人や、退職による所得補塡を望む人の不安には応えていない。

現地では、帰国後のキャリア形成をにらみ、語学力習得や資格取得に努める人がいる反面、特に何もしていない人も半数近くいることが明らかになった。かけがえのない海外生活をゆっくり楽しんでいるのか、駐在員となった配偶者や家族のサポートで時間が取れないのかは判断できないが、帰国後の再就職を不安視する声も浮き彫りになった。

配偶者として気になるのは、子どもの教育や自分のキャリア形成に対し、同行することが有利に働くか、不利に働くかという点だろう。同行を望んだ理由、望んでいなかった理由のいずれにも赴任地を巡る回答が上位に挙げられており、赴任する地域が持つメリットやデメリットについても、しっかりと見極めている様子が見て取れる。

第二章

キャリア中断の実態

1　男を降りられない

†駐夫を理解するために

共働き世帯数が半数を超え、専業主婦世帯数をとうの昔に上回った。着々とキャリアを積み上げる女性も目立つ。第一章で触れたが、海外で働く駐在員の割合を見ても、圧倒的に男性が占めていた時代から着実に変化し、国外で活躍する女性が増えていることが分かった。

しかしながら、ライフステージの変化が男性よりも著しい女性にとって、何かしらの理由でキャリアの中断を迫られるケースはまだまだ多いことだろう。一方で、男性はキャリアの中断に無関係なのだろうか。

本章では、駐夫を論じるための参考事例として、これまで蓄積されてきた先行研究をもとに、男性、女性それぞれのキャリア中断を巡る実態を取り上げる。さらに、夫婦どちらかが国内外問わず転勤となった場合、どのような夫婦形態となるのかも探る。合わせて、男性優位の日本社会で築いたキャリアを中断した駐夫が、現地社会で遭遇するとみられる男性少数派に置かれた状況についても浮き彫りにする。

この先、駐夫を論じていく上で、折に触れて取り上げるキーワードとして「性別役割意識」と「男の生きづらさ」、稼ぐ力を意味する「稼得能力」、「キャリア中断」の四つを挙げたい。

†稼げない男は「競争から降りた者」

日本的雇用慣行に従順であることを求められる男性は、出世競争に自動的に組み込まれ、女性とは異なる性別役割を果たそうと努めてきた。ところが、この男性優位社会の象徴である日本的雇用慣行は、様々な歪みを表し始めている。

日本的雇用慣行が男性性に及ぼす影響について、ジェンダー学や男性学の観点から、興味深い指摘が相次いでいる。

家族社会学者の多賀太によれば、男性優位社会の下で求められる稼ぐ力、すなわち稼得能力の優劣が男性を追い詰め、生きづらさをもたらしている。社会的地位の獲得や成功を目指す競争から離脱し、稼ぎ手の役割を果たさない男性は「男から降りた者」とみなされる。男から降りた者となれば、男性としての存在意義にかかわる。そして、大企業勤務の男性ほど、そうした競争から降りにくい社会構造が存在している（多賀二〇〇六）。

大企業では、時短勤務などの両立支援策は充実しているとはいえ、それらを実際に利用すると仕事への貢献度が低いとみなされる「フレキシビリティ・スティグマ」があるとされる（筒井二〇二二）。となれば、競争社会に放り出された男性は、その中で勝ち抜くためにも長時間労働を余儀なくされ、家庭に割くリソースは自ずと減少する。妻がフルタイムであろうと、パートであろうと、夫の帰宅時刻は妻よりも遅く、帰宅してから一〇分以内に夕食を取り始めているとのデータもあり、家事・育児が妻に偏っていることが分かる。夫が帰宅した時には、妻が夕食準備を整え終えており、すぐに食べられる状態にあると考えるのが妥当だろう。

稼得能力を過度に追求することは、男性をさらに苦しめ、家庭役割との両立を阻むことにもつながる。良くも悪くも家庭役割が求められる女性とは対照的に、男性は仕事に力を注ぐことが要求される。そのため、仕事と家庭を両立させたい男性ほど、葛藤を重ねる（大野二〇〇八ａ）というわけだ。

また、両立ではなく、仕事か家庭かいずれかの役割を選ばなければいけない葛藤も、男性にとって大きなストレスになる。「男は仕事」という性別役割観念が社会に広がっている背景を踏まえると、どちらかを選ばなければいけないという二律背反な決断を迫られること自体が、男性にとって本意ではない（大野二〇〇八ｂ）。

†受動的に主夫になる

そうした仕事と家庭の選択による葛藤の末、主夫に転じた男性がいる。彼らは日本社会が要求する男性像から離れた自らに不安を抱く。自らが主体的に選んだ道ではなく、さまざまな理由によって、選択せざるを得なかったがゆえに、さらなる葛藤を深めることになる。

主夫となれば、稼得能力を持たず、夫婦間で従属的な立場とならざるを得ない。メンタル疾患や職場の人間関係悪化などがきっかけで退職し、主夫に転向するケースも指摘されている。そうした場合は、決して能動的ではなく受動的な選択であって、不本意な理由で退場に追い込まれた自分の生き方に対する不安はさらに募る。

研究では、マッチョイズムや男性優位な雰囲気がある職場に勤務する男性ほど、上司から男性らしさを要求されるため、仕事に対する肯定意識が低下するだけでなく、メンタル疾患にもつながることも分かっている（渡邊二〇一九）。

男性は、どのような状況であろうとも、自らが一家を背負い、稼ぎ手としての役割を果たそうと強く意識している。人員削減などによる失業、転職や離職を経験したことがある人でさえ、自分自身が家族を養うという考えを一貫して持ち続けている。こうした経験を経て、妻が働いて家計を助けることには理解を示すようにはなるものの、大黒柱として働き続けるという稼ぎ手役割意識が離れることはない（大槻二〇一二）。要は、男から降りられないのである。

駐夫となった男性たちも、こうした日本的雇用慣行下で仕事をしてきた。彼らが、妻への帯同を決意し、自らのキャリアを中断する際には、主体的かつ能動的に決断しているのだろうか。あるいは、受け身の姿勢だったのか。海外で生活する主夫という位置付けにもなる駐夫は、日本の主夫同様、葛藤にさいなまれるのだろうか。そして、その葛藤はいつまで続くのだろうか。

†組織の中で少数者として生きる男性

海外駐在員に同行する配偶者は、女性が圧倒的であり、男性は極めて寡少であることは前述した。男性優位が続く日本社会において、男性が少数派になる分野の一つと言っても過言ではないだろう。では、女性が大多数で男性が少数の立場となっている職業や役割は他にどのようなものがあるのだろうか。

ここでは、子どもの学校送迎・行事など現地生活で直面するとみられる「女性が多い環境の中における男性の立ち位置」という観点からみていきたい。先行研究を整理すると、看護や保育の分野で、少数者の立場に置かれた男性の存在が確認できる。

二〇〇二年に「看護士」から「看護師」と男女とも同じ名称になった看護の世界では、男性は少数派に位置付けられる。女性が圧倒的多数の職場環境に置かれた男性看護師は、自らの異質性を強く認識し、孤立を避けるために同僚の男性看護師や女性医師と積極的に交流する。そうしたなかで、男性優位の状況を作るために、最新医療機器の操作力や救急救命士の資格取得など付加価値を身に付けることで、劣等感や屈辱感を払拭しようとする（松田・定廣・舟島二〇〇四）。ここには、ジェンダーを意識している様子が垣間見える。

また、男性看護師は、女性患者に対する際には、男性であるが故の限界を感じている一方、女性ばかりの環境では患者とのトラブルが発生した際に頼りにされやすいなど少数派ならではの利点に気付き、集団内での立ち居振る舞いを体得していく（山下・清水・中田・藤本二〇一六）。

一九九九年に「保母」から「保育士」に名称が変更された保育の現場でも、男性の数は圧倒的に少数と言える。女性の世界に入っていくのは困難ではあるものの、女性の保育士は男性保育士を肯定的に捉えており、男性保育士がいることによって、安心感や良い刺激を受けているという認識を抱いていることも分かっている（齋藤・平田二〇〇八）。

こうした男性少数職場では、男性自らが劣等感を取り払おうと仕事に邁進する様子や、環境に溶け込んだ結果、女性から信頼されている状況が浮かび上がる。他の職場と異なり、決して男性優位とは言えない環境のなかで、自身の男性性を敏感に認識しているのだ。

女性駐在員に同行する駐夫は、同じ企業内の駐在員配偶者の集まり（食事会など）や子どもの学校関連行事などの際、周囲は駐妻ばかりで、少数派の立場に置かれる可能性が高い。本節で紹介した少数派に置かれた男性の意識の持ち方は、現地で同様な状況に臨むことになる駐夫が抱く意識と相通じるとみられ、駐夫の意識を知る上で一つの手がかりになるはずだ。

2 女性のキャリア中断は夫次第

†夫の転勤に妻の帯同は当然？

男女雇用機会均等法には、施行当初、仕事と家庭を両立させるという視座が盛り込まれていなかった。つまり、男性と女性それぞれの機会を均等にすることによって、女性差別をなくすことが目的であり、仕事と家庭の両立を求める内容は盛り込まれていなかった。

家事と育児を主に女性が担うのであれば、女性が仕事と家庭を両立させるのは、どうしても困難になる。とりわけ共働き家庭において、こうした性別役割がなされていると、主な働き手は男性＝夫となり、妻が夫と同様に活躍するのは妨げられる（川口二〇一二）。そのため、女性が家庭と仕事の両立に取り組めるように、男女雇用機会均等法は改正を繰り返し、女性を差別的に扱うことを禁じる文言が盛り込まれたりしてきた。

第一章2節で確認したとおり、転勤についても従来、仕事と家庭の両立は考えられていなかった。企業は命令同然の形で転勤を要請しており、社員側の延期願いや拒否の声には耳を貸すことなく、家族の事情もほとんど顧みられなかった（三善二〇〇八）。夫の転勤に妻が帯同するのが当然とみなされてきたのだ。近年では、そうした認識が以前よりも少なくなった（高丸二〇一七）とはいえ、男性優位が指摘される日本的雇用慣行は、女性のキャリアにも影を落としている。

†帰国後、再就職はできるのか

ここからは、転勤にともなう女性のキャリア中断の実態を見ていきたい。

二〇一四年に法律を施行した政府に続き、大企業を中心に相次いで導入が進んだ配偶者同行休職制度は、女性の離職を防ぐことを目指していた。ただ、休職とはいえ、ひとたび駐妻となれば、キャリアが中断されることに変わりはなく、帰国後にキャリアを回復できるかどうかが問題となっている。

海外転勤と国内転勤との大きな違いは、言うまでもなく生活拠点が国外に移るという点だ。あらゆる環境が激変するなかで、夫を支えることに全力を注ぐことが周囲から求められるため、自らが現地で就労するのは厳しいという現実が浮かび上がる（三善二〇〇四）。

現地生活を終え、日本に帰国した後にキャリアを構築するにあたって、離職中に現地で身に付けた語学力や高度な専門性を生かし、働き方を工夫すれば継続就業は可能だという指摘がなされてきた。ただ、実際には帰国後一年以上一〇年未満の女性のうち、有職者率は約四割に過ぎない上、正社員は一割程度にとどまっていた（三善二〇〇九）。キャリアを再び設計しようとしても、正社員で再就職することがいかに厳しいかという現実が分かるだろう。パートや契約社員など非正規労働での就労が大半を占めていることがうかがえる。

日本帰国後の「逆カルチャーショック」も指摘される。長期の海外生活によって、どんな人でも固有のストレスや不快感、身体上の問題を経験し、日本帰国後は逆カルチャーショックに見舞われ、違和感や疎外感を抱くことになる。日本での生活に再適応してみたものの、たとえ帰国時に三〇代、四〇代だった高学歴の女性であっても、企業が設定する年齢制限に縛られ、正社員ではなくパートの仕事に就く人が多い（伊佐二〇〇〇）。

†帯同はマイナス経験？

では、夫の海外赴任に同行した妻にとって、その経験自体はマイナスになるのだろうか。キャリアを重ねた女性にとって、配偶者の転勤は自らのキャリア中断につながりかねない。一方で、何かしらのスキルを獲得しようと考え、現地で働くことを希望する妻もいる。

日本でキャリアを積み、現地で就労した高学歴の妻らを対象とした調査では、彼女たちが自己洞察力や状況次第での対応力などのスキルを帯同経験から得たことが分かっている。しかし、帰国後に再就職した企業からは、海外同行期間自体がキャリアブランクとみなされるため、ブランク中に得たスキルは求められていないと自ら判断し、キャリア形成上で遅れになる同行経験はしていなかったかのように振る舞うことが分かっている。

さらに、男性優位社会の中で働いてきた女性は、夫の海外赴任に同行するため一時的に仕事から離れることにより、自らを「キャリアから降りた人間」と認識する。キャリアを中断した以上、それと同等の対価を何とか得ようと考え、同行経験をポジティブに捉えようとして、現地就業に踏み切る。しかしながら、現地就業はあくまでもキャリア中断時における一つの行動に過ぎないとして、これまでキャリアを重ねてきた日本に帰国しても、再就職で生かせるスキルとはまったく別の物と考える傾向にある（高丸二〇一七）。

このように、駐妻経験をことさらに隠さなければならない事情や背景にはどのようなものがあるのだろうか。

日本でのキャリアを中断し、現地に赴いた駐妻は、仕事生活から家庭生活に重心をシフトせざるを得ないため、葛藤に直面する。夫の会社関係で開かれるパーティーへの出席や、お返しとしてのパーティー開催、ボランティア活動への参加などが求められることがあるが、そこで期待されるのは、あくまでも夫を支える「妻」(伊佐二〇一三)としての役割だ。子どもの学校関連でも「母親」であることが大事であり、働いていた当時とはかけ離れた日々を過ごすことになる。そうした現実に困惑し、働くことへの渇望が強まることも明らかになっている。

†現地就労を禁じる規則

とはいえ、駐妻の就労は推奨されているとは言いがたいのが実情だ。

ドイツ在住の駐妻に対するインタビュー調査から、夫の企業側が配偶者の現地就労を巡り、規則などで就労を禁止している事例が明らかになっている。また、禁止こそしないもののあまり奨励しない事例、反対に奨励する事例もある(三浦二〇一九)。

夫の駐在期間には期限があるため、配偶者である妻の採用に慎重姿勢を示す企業もあるとみられる。言葉の壁もあるため現実問題として就労は困難であるとの見方もあろう。企業側としても、配偶者が就労するとなると、国によってはビザを切り替える必要もある。また、扶養者から外れるため、保険や納税などの手続きが煩雑になるのを避ける狙いも透けてみえる。

変化の動きもある。二〇二〇年に始まった新型コロナウイルスの感染拡大は、世界的に働き方を見直すきっかけとなった。国内でもリモートワークが幅広く導入された。これに先立つこと約二〇年前、夫に同行した妻に対し、現地からリモートワークによる業務継続を促した企業（外資系）があり、その妻は実際にリモートで仕事を継続した事例（石川・小豆川二〇〇一）があったのは特筆に値する。また、妻が所属する企業が日系、外資系を問わず、夫の国外勤務地への転勤や現地法人に異動させるなどして、現地での就労をバックアップしていた例もあった。

†夫婦同じ赴任地のおしどり転勤は困難

三善勝代は、国内外を含めた夫の転勤により生じる夫婦の形態を「家族帯同転勤」と「単身赴任」、「おしどり転勤」、「コミューター・マリッジ」の四つに分類している（三善二〇〇九）。

家族帯同転勤とは、妻が専業主婦の場合はもちろんのこと、有職の場合でも休職か退職して赴任地に一緒に赴く形態である。おしどり転勤は、妻が夫と同じ赴任先に転勤し就業するタイプ、コミューター・マリッジは一時的に別居して、夫も妻もそれぞれがキャリアを継続する様式を指す。三善の分類では、単身赴任はコミューター・マリッジと違って、(妻が専業主婦ならば)夫だけが赴任する場合だ。ただ、近年は妻が就労を続けることによって、夫婦どちらかが単身赴任になるケースもあり、コミューター・マリッジとの区分けがしにくくなっている。

このうち、夫婦が同居する形式は、おしどり転勤と家族帯同転勤の二つだ。ただ、仮に夫婦が同じ会社に勤めていて、夫が海外赴任になった場合でも、妻が夫の勤務地に必ずしも転勤できるとは限らない。違う会社なら、なおさら非現実的であり、おしどり転勤は実際にはなかなか難しい。家族帯同転勤のケースでは、妻がキャリア中断に追い込まれる可能性が十分にある。

では、妻が海外赴任となった場合、夫はどのような選択を取るのだろうか。休職か退職を選びキャリアを中断するのか、あるいは一時的に日本と国外で別居し、それぞれ仕事を続けるのか。それとも、妻の転勤先に合わせた異動を希望するのだろうか。

3　駐夫のキャリアを考える

†三つの謎

ここまで、キャリア中断とジェンダーの関係を見てくるなかで、検討すべきさまざまな論点が浮かんできた。日本的雇用慣行から離脱した男性の男性性を巡る葛藤の先に、何があったのか。男性優位社会でマジョリティーに位置していた駐夫は、異国では一転してマイノリティーの立場に置かれる可能性が高いとみられる。その際、どのような意識を抱くのか。男性の海外同行は当然と認識されるのか。同行先で求められる役割は何か。同行前後に意識はどのように変容するのか。現地就労は可能なのか。帰国後に就職できるのか。キャリアの中断と変化をいかにして受け入れたのか。あるいは受け入れられなかったのか。キャリアを中断している間に、体得した経験やスキルは再就職に生かされるのか。

こうした疑問は尽きないが、修士論文を執筆するにあたり、駐夫の意識変容や帰国後のキャリア設計を巡って、以下の三つの疑問を設定した。

○女性配偶者の海外赴任に同行し、キャリアを中断した駐夫の意識は、渡航前、現地滞在中、帰国前後でどのように変容したのか。

○駐夫が日本におけるキャリアを中断したことは、帰国後の新たなキャリアを構築するにあたり、いかなる影響を与えたのか。

○駐夫が現地で得たスキルや経験は、帰国後の新たなキャリア形成に際し、どのような効果があったのか。

†駐夫一〇人にインタビュー

これらの問いに答えるため、駐夫経験者一〇人にインタビューを行った。

対象者は、妻の海外赴任（留学含む）に同行し、日本に帰国済みの男性（二〇代〜四〇代）で、「国外に一年以上滞在し、帰国してから一〇年未満」に該当した駐夫経験者である。対象者の選定にあたっては、駐妻に比べて圧倒的に数が限定されることが推察されたため、駐夫経験者らで構成されるグループに依頼するのが最適と判断し、調査への協力を要請した（表2-1）。

次章の三章と四章では、数回にわたるインタビューで心の内を明かしてくれた一〇人の語りを通じて、日本におけるキャリアの中断を決断した彼らの意識が、節目節目でどのように移り変わったのか、現地で何を経験したのか、帰国後のキャリア再設計に向けた道のりなどに着目していきたい。

基本情報（本人）	名前、生年月日、最終学歴、渡航時の年齢、子どもの有無 具体的な企業・団体名を含めたこれまでの職歴 渡航直前の所属先と職種、仕事内容、年収、平均帰宅時刻 休職か退職か、配偶者との家事・育児分担割合、結婚時期 渡航時期と渡航国、渡航期間、帰国時期、海外居住経験の有無
基本情報（配偶者ら）	生年月日、最終学歴、年収、平均帰宅時刻 具体的な企業・団体名を含めた渡航直前の職種や仕事内容 現地赴任後の職種、仕事内容、子どもの生年月日・渡航時の学年
海外渡航前	海外赴任を聞いた時の心境、同行を決断した理由と時期 今後の仕事、キャリア形成をどのように展開しようと考えたか 同行決断した際の妻や親族、職場などの反応
現地滞在中	キャリア中断や断絶を実感した時はあったか 気持ちの浮き沈みなどはなかったのか 新しく始めたことや、力を入れていた活動 現地の文化や慣習、人々の行動や価値観に触れ、何か影響を受けたか 今後のキャリア形成について、どのように考えていたか 仕事との向き合い方、働き方は変化したか
帰国前後	どのような帰国後のキャリア形成を考えたのか キャリアに対する考え方は変わったか 同行してみて、良かったか、そうでもなかったか 今後のキャリアプランについて 帰国後から現在までの就労状況 帰国後のキャリア設計に対する妻や周囲の反応 同行前からこれまでの間、人生の転機やタイミングはあったか否か

表 2-1　駐夫経験者 10 人に対するインタビューでの質問事項

第三章

葛藤の末、駐夫に転じる

1 自分を納得させ、同行を決断

†駐夫になった人たち

まず、調査対象者としてインタビューに応じた元駐夫がどんな人たちなのか。海外に帯同する前、日本でどのような生活を送っていたのか見ていこう（表3-1。すべて仮名）。

先に見た通り、彼らは妻の海外赴任（留学含む）に同行し、すでに日本に帰国した二〇代〜四〇代の男性たちだ。一年以上海外に滞在し、帰国してから一〇年未満である。滞在していた国は、米国が七人、英国、スペイン、オーストラリアがそれぞれ一人となっている。

子どもがいたのは八人で、全員の子どもが、当時は小学生以下だった。うち、二人の男性は生まれたばかりのゼロ歳児の育児を、異国で担っていた。

渡航前の年収をみると、五人が妻を上回っていた一方、残りの五人は妻より低かった。彼らは、妻が働いていないために、唯一の稼ぎ手として、大車輪の如く働いていたわけではなかったといえる。

ただ、総合職として働き、駐在員に選ばれるような妻がいたとしても、なかなか長時間労働からは逃れられなかった。彼らの平均帰宅時刻は午後九時〜一〇時に集中しており、中には日付が変わってから帰宅していた人もいた。そして、家事・育児の負担割合を聞くと、半数の人が一〜二割にとどまっていた。日本の一般的な共働き家庭として、家事・育児は妻が担い、夫は外で遅くまで働く、どこにでもいるような夫婦だった。

そうした状況のなかで、妻が駐在員の立場を得たことを受け、各々は葛藤や逡巡を経験したり、あるいは即決したりしながら、最終的には妻の海外赴任に同行することとなった。

†長時間労働は美徳？

遅くまで残業して、一生懸命やってる奴のほうが評価されるわけなんですよ。朝早く出社して、何かトラブルを自分で起こしたとしますよね。そのトラブルを一生懸命、自分で直してるような人です。ところが、トラブルを未然に防ぐような人は、評価されないんですよ。「あいつ、楽にやってるな」っていうふうに思われるんです。ミスをしてしまって、じゃ、深夜まで一生懸命直そうと。夜遅くまで残って、そうした仕事をしているほうが評価されるっていうのがくだらないなと思っていて。（水沼さん）

沢村	今井	柴田	木下	高橋	大野
34	37	41	29	35	43
大学	大学	大学	大学	大学院	大学
米国	米国	米国	スペイン	英国	豪州
2年 1カ月	2年	4年	1年 7カ月	3年 9カ月	1年
退職	休職	退職	退職	退職	休職
有	有	有	有	無	有
2割	4割	4割	5割	7割	1割
午後10時	午後10時	午後10時	午後9時	午後7時半	午前2時
メディア	監査法人	精密機器	機械	商社	メディア
11年	4年	17年	5年	10年	21年
有	有	無	無	無	無
コンサルタント	不動産	大学職員	情報サービス	学校法人	大学院生

対象者	水沼	藤原	佐藤	山本
渡航時年齢	42	33	34	31
最終学歴	大学	大学	大学院	大学
滞在地	米国	米国	米国	米国
滞在期間	1年 6カ月	1年 3カ月	2年	3年 10カ月
同行形態	休職	退職	休職	退職
子どもの有無	有	有	有	無
家事育児負担割合	1割	1割	1割	5割
平均帰宅時刻	午後10時	午後10時	午後6時半	午前1時
業種（渡航前）	通信	専門商社	通信	コンサルタント
就業年数	19年	11年	9年	9年
現地就労	無	無	無	有
業種（帰国直後）	通信サービス	家事	小売	コンサルタント

表3-1　インタビューした駐夫経験者一覧（すべて仮名）

当時は、長い時間働くのが美徳みたいに考えていましたが、（帰国した後は）まったくなくなりましたね。まったくない。まったくないです。まったくない。いかに短い時間で、いかに最大の成果を出すかっていうことにしか興味がなくなりました。（佐藤さん）

渡米前って無限に時間があるかのような働き方をしてしまって。拘束時間は長いのに（妻よりも）年収が低いっていうような状況が、すごくコンプレックスというか。良くないよなと思っていたところがあったので。（藤原さん）

海外に同行した男性たちは、日本で働いていた当時、長い時間働くのを当然のことと考えていた。そうした現状に疑問や不満を抱きながらも、一日一日が過ぎていく。中には、超多忙時の一例として、「朝六時とかに家を出て、帰ってくるのが三時とかだった。土日も朝回りと夜回り（早朝や夜に取材関係先の自宅などを訪ね、話を聞き出すこと）を大体毎週していました」（大野さん）と話した人もいた。

平日は子育てに充てる時間がまったく取れず、疲れが抜けないまま週末に公園に連れて行くのが精一杯な父親たち。「いつまでも、こんな働き方をしていて、良いものなのか」。

こんな疑問がちらつき、退社や転職が脳裏をよぎる。そんな彼らに、「家のことは何とかなるから、辞めるなら辞めてもいいよ」、「自分も働いているし、暮らすには困らないから」などと声をかける妻たちがいた。ただ、実際に行動にまで踏み切った人はいなかった。

彼らは日頃から、お互いのキャリア形成について妻とよく話し合っていた。共働きを続けるために、妻のキャリア形成を持続させようと、自分は何ができるのかということを考えていた。そうしたなか、彼らに対し、妻の海外駐在話が持ち込まれる。

†人生の休憩がほしい

男性たちは全員、妻から海外志向であることを以前から聞かされていた。そのため、驚きを持って受け止めた人はいなかった。とはいえ、「駐在が決まりそうだ」、「○○への赴任が決まった」と実際に打ち明けられたとき、冷静に受け止めた人もいれば、困惑した人もいた。良いきっかけになると肯定的に捉えた人と、自分のキャリアとの兼ね合いから、すぐには答えを出せなかった人と、大きく二通りに分かれた。まずは、前者から見てみよう。

会社に休職制度があるのは調べていて（妻の話が決まったら）いつでもレディーの

状態でした。ネックは、何もなかったですね。一通り仕事をやり切った感もあって。忙しくて、責任も非常に重くて。ミスったら、本当に何十億円というお金が吹っ飛ぶような仕事なので、プレッシャーも強いし。息抜きしたかったっていうのもあるし。海外に行くのなら、英語を勉強するいいチャンスだなと思ったし。人生の休憩がほしかった感じですかね。仕事は一生懸命やっていたんですが、どこかで「もう疲れたな」と思っていたんですね。環境を変えたいと思っていた時期でした。それが転職かもしれないし、渡米かもしれないし、会社を辞めて独立するのか。少なくとも、当時の会社で部長や本部長になりたくないと思ってました。（水沼さん）

割と、即決でした。今の仕事をずっと続けるのかなっていうモヤモヤは、ずっと抱えていて。ただ、子どもが生まれて、マンションを買ってっていうなかで、積極的に転職するっていう気にもなっていなかったので。そのなかでそういう話だったので、これは良いきっかけになりそうだなっていう思いがあって。今の仕事を続けることに飽きちゃったっていうか。先が見えちゃったっていうのもあったので、一旦辞めちゃっていいかなっていう（思いでした）。子どものためにも良い機会じゃないかと思って。それと、「帯同しなかったら、僕は家の中でどういうポジションになるんだろう」ということも考えました。妻は結構バイタリティがあるので、文句も言わずに全部一人で家事をやってしまう人間なんです。付いてこないということになれば、離婚を突き付けられていたかもしれません。アメリカに行って、無理矢理にでも、家事を僕が一手に引き受けたほうがいいと思いました。（藤原さん）

私自身、結構単身赴任の期間が長かったんですけど。妻がワンオペ育児で、だいぶ参っていたということもあったし。僕としても申し訳ないっていう思いがあったので、どこかで罪滅ぼしじゃないですけど。そういう妻がバリバリ働くっていうのを後押ししたいなと思ってました。あと、記者の仕事をこのままやっていくのかなっていうのは若干揺らいでるところがあったので。外に出て、今の仕事から離れてみてもいいかなと思ったので。自分としても良いきっかけかなと思いました。もちろん不安もあったんですけど。（沢村さん）

配偶者の海外赴任という人生における大きな転機、ライフステージの変化を迎えつつあるにもかかわらず、それほどの抵抗を感じることもなく受け入れた彼らの共通点として、何かしら環境の変化を求めていたという点が挙げられる。これまで第一線で働き続けてきたものの、仕事に対する燃え尽き感、やりきった感がにじみ出ており、精神的・肉体的な疲労が蓄積していた。自らを充電するための期間を心のどこかで求めていた人、業界や会社の将来性に対する先行き不安を抱きながらも、毎日の仕事をこなしていた人がいた。「妻が海外に行くみたいなことでもないと、自分の仕事を含めて、結構抜本的に見直すっていうのは（なかなか難しいですよね）。生き方というか、働き方を含めて見直すのには大きなきっかけになりました。それまでは忙しすぎて、そんなことを考える時間がありませんでしたから」と大野さんが話したように、配偶者が物理的に、しかも海外に異動することになったという強い決定事項を突き付けられてみて、初めて自らのキャリアを考え直し、行動の変化を促された。逆に言えば、そうしたことでもない限り、目の前のレールを走り続けることになりかねないという、男性たちの深い闇のようなものが垣間見えるのではないだろうか。

子どものためにも良い機会となると考えていた人もいた。インタビューした男性たちの子どもは、全員が小学生以下だった。幼少期に海外で暮らすことで、日本とは異なる文化や慣習があり、多くの人種で構成されている国があることを知り、日本を相対化することができる。日本の良いところ、悪いところを子ども心にも理解してもらえたらという親としての思いもあった。英語をはじめとする言語習得に、大きな期待を寄せた人も多数いた。

†深まる葛藤

一方、結論をすぐに出せなかった人たちは、同行するかしないかで激しい葛藤に見舞われた。自らが築き上げてきたキャリアとの兼ね合いをはじめ、周囲からの賛否両論、家族の存在など複数の要因が、心の中で激しくせめぎ合っていた。

柴田さんは、国外赴任が二度にわたって決まった妻への同行を二回とも拒否し、その都度妻は赴任を断念していた。しかし、三度目の赴任話が持ち上がると、これまでとは異なり、心が揺れ、葛藤が深まっていた。

（妻の海外赴任が決まった）一回目、二回目は、断りました。奥さんも出世していましたけど、私もそれなりに、実は出世していたので、男としては上に上がりたいというところです。そう簡単には諦めたくないなと思っていたので。一回目はさすがに子どもが小さすぎるからダメでしょって。二回目は自分のキャリアもまだ道半ばで、踏ん切りがつかなくて。ただ、最後三回目のときに奥さんに「私がもう仕事を辞めるか、米国に行くか、どちらかに決めさせてほしい」って言われたので、そこまで言うならと思って、いろいろ悩みました。

（妻の赴任話を二回断った後の赴任話は、私にとって）三度目の正直でした。（その時は初めて）上司に相談しました。結構尊敬していたので。その上司に言われたのが「ここからお前がいくら出世しようと、部下の人数が増えるだけだぞ。それよりも、広い世界を一回見てきたらどうだ？」みたいな話になって。いろいろ悩みがあると、相談していたメンターのような上司です。その人に言われるんだったら、それもありなのかなと思うようにもなりました。（キャリア中断に対する）不安はありましたけど。その上司が言うんなら、なんとかなるだろうと思って。（柴田さん）

一度は同行を決断した山本さんは、その後、妻への対抗心が湧き上がり、単に同行するのではなく、キャリアダウンにつながらないような他の選択肢を真剣に考え始めた。

無意識か意識的かともかく、ディペンデンシー（依存関係）を減らしたかったんです。自分でも海外に行こうと思えば行けた、という状態をつくった上で、「でも一緒に行く、付いていく」という、状態にしたかったんです。他のオプションも並行して考えました。一つ目は日本に残る、あるいは（渡米を）ちょっと遅らせるみたいな考え方ですね。もう一つは、同じタイミングでスペインに留学しようかということを考えました。当時、他の会社から「日本に残りつつ、海外でも働くみたいなことができないか」とも誘われていました。留学を考えたのは、渡米しても、すぐ良い仕事が見つからないんじゃないかっていう気持ちが結構あったからです。あとは、駐夫みたいな立場に多少抵抗があったというのもありました。一番考えたのは、仕事のグレードダウンですね。日本でやっていた仕事に結構誇りを持っていて。仕事のスケールとか、やっている内容もすごく個人的には面白かったし。大変だったんですけど。アメリカで働いても、給料面とかポジション面とか仕事の内容面で落ちてしまうんじゃないかなっていうのは最も感じた不安というか、リスクでした。(山本さん)

勤務していた会社に愛着を感じるようにまでなっていた佐藤さんは、一緒に行くべきか逡巡を重ねた。当時はまだ会社に同行休職制度がなかったためだ。

行くか行かないか、すごく迷いはありました。辞めて行かなきゃいけないっていうのがありましたね。ずっと新卒から入った会社で一〇年近くやってきたので、そこを辞めるっていうのはすごく勇気がいりましたね、当時。実際考えたことはなかったので、いざ辞めるかもしれないって思ったら、その選択肢は、なんだろう、なかなか取れないかなって思いましたね。

でも、妻が留学実現に向け、頑張っているのをよく見ていたし。それを、僕が仕事を続けたいからっていう理由で、せっかく得た権利を捨てさせるのはちょっと、懐の深さが足りないかなと思って。行きたかったら行かせてあげたいなと（考えるようにもなりました）。その後、子どもを授かり、育休制度活用の道が開けました。（佐藤さん）

三人とも自らのキャリアが中断されることについて、憂慮していた。後押しする声もあれば、彼らのキャリア設計を心配し反対する声もあり、そうした周囲の意見にも影響を受けていた。うかがえるのは、同行しない選択肢もあり得たということだ。実際、柴田さんが二度にわたり拒絶したことで、妻は赴任を断念せざるを得なかった。ただ、最終的には家族の存在が渡航決断の決め手になっていた。三人が語る。

今回については、小一の子どもが母親と離れるなんて、絶対にあり得ないっていうのも大きかったですね。かといって、妻子だけで行かすわけにもいかないし。（柴田さん）

妻と一緒にいるほうが何だかんだいいだろうと、家族なので。妻も（海外で働くということで）大変だろうからサポートできると思いますし。妻も何年向こうにいるか分からないので、別々に暮らしていると、家族でいる意味がなくなっちゃうなっていうのがあって。（山本さん）

（妻の留学は）期間限定の二年間だし。最初（決断したの）は一年（だけ一緒に暮らして、自分だけ戻ってくるという決断）ですね。キャリアを止めたくないと思ったので。それと、一年いたら、もういいかなみたいなのが多分ちょっとあったと思います。妻子は現地に置いて、（一年後には）一人だけ帰ってくるつもりでした。（佐藤さん）

2　男から降りた自分に呆然

†激変する生活

葛藤を乗り越えた人も含め、一〇人全員が、それぞれ折り合いを付けた上で、同行することを決めた。

一〇人のうち休職制度（育休含む）を活用したのは四人で、退職したのは六人。その中には、休職制度があったにもかかわらず、退路を断って渡航した男性もいた。

三人は現地の日系企業に現地採用社員として採用され、就労した。残る七人は主夫として、食事や掃除、洗濯などの家事に努め、子どもの学校・習い事の送迎など育児にも追われながら、妻のサポート役に回る日々を過ごしていた。

家事・育児に専念することとなった男性たちの生活は、日本で連日出社していた日々から一転、子どもを起こし、ご飯を食べさせ、学校に送迎するという日々に激変した。そうした不慣れな生活を、しかも海外で実践することに苦悩はなかったのだろうか。仕事から離れた自分を、すんなりと直視することができたのだろうか。

†自分がいなくても会社は回る

休職した四人のうち、渡航当初に会社や仕事のことが気になったのは佐藤さんと大野さんの二人だった。水沼さんは、ほとんど気にすることはなかった。

会社の携帯を持っていったので、休職とはいえ。メールは見られたりしていたんですよ。気になって、見ちゃうんですよね。（担当していたプロジェクトが）ローンチ直前で、離れたので、予定通りいくか、ずっと気になっていました。子どもが寝てるときとかにチラッと見て、「上手くいってるな」とか、上手くいってないときは「これだったらこういうふうに返せばいいのにな」とかっていうメールを見ちゃうんです。でも、「これ（メールを）返しちゃうと、巻き込まれちゃうしな」って思って。自分がやらなきゃいけなくなっちゃうし。グッとこらえるみたいなのはよくありましたね。自分行ってから、二、三カ月の間は、ずっとそんな状態が続きました。自分がいなくても（会社は）回るんだっていうのは、なんとなく頭で分かっていても、なんとなく実感が湧かないというか。それまで仕事を離れたことがなかったので。で、グッとこらえるみたいなのが何回か続いて。でも、ちょっとずつ進んでいくのを見ると、「いなくてもなんとかなるんだな」っていうふうに思いました。それからは、見てもモヤモヤするだけなので見なくなりましたけど。それ以降も、会社が気になることは、ありました。戻ろうと思ってましたので。でも、仕事が気になることは一度もなかったですね。（佐藤さん）

自分が担当してきた分野のニュースに関心を向けるというのは引き続きありました。ただ、会社に関してはそれほどなかったです。会社とのやり取りは非常に少なかったですね。あまり会社と接点を持っても気分が良くないので、あえて連絡をしないようにしていたっていうのはあるかもしれない。会社の嫌なところもいろいろあったので。大体、事務的なやり取りをすると、嫌な思いをすることが結構あったんですけど、それは逆に裏返しとして、会社を意識していたのかもしれない。だから会社と距離を置いて、現地で過ごそうっていうのがあったんだと思います。(大野さん)

会社とか仕事とかが、気になることは行った直後も、その後もほとんどなかったですよ。なんか楽しかったです、すごく楽しかったですね。献立をまずネットで探して、「今日のご飯は何にするか?」って決めて。いろいろなスーパーに買い物に行くと、楽しいじゃないですか。車でいろいろ行ったりして、どこどこが安いとか分かってきて。子どもを学校に送り出した後、その空いた時間をどう過ごすかっていうのも考えると、面白くなってきましたよ。空いた時間で、僕は英語を勉強しようと思っていました。(水沼さん)

自分が不在でも、組織は動いていく現実を知らされ、戸惑いや一抹の寂しさを隠しきれない佐藤さんは、口出ししたい思いを懸命に押しとどめ、何とかして振り切った。

大野さんは、会社との繫がりを断ち切ったこと自体が、会社を意識していたと振り返る。逆に、水沼さんは完全に気持ちを入れ替え、楽しみながら現地での新生活立ち上げに奔走していた。それぞれ休職中の身でも三者三様、仕事や会社に対する距離感や意識がかなり異なっているのが見て取れる。

†孤独感にさいなまれる

一方、休職ではなく退職した人たちはどのような境地だったのだろうか。

機械関係の業種を退職し、スペインに移住した木下さんは、生まれたばかりの乳児の子育てに追われ、自宅をなかなか離れられず、人との会話や交流に飢えていた。

ゼロ歳児と一緒にずっと家にいました。ゼロ歳児を連れて、外でガンガン歩き回ることもできなかったので。私も初めてだったので分からなかったんですけど。コミュニティがないなっていう感じはあって。スーパーに行って、スーパーのお肉売り場の人と話すようなことでも、とても喜び、嬉しかったんです。「昨日のお肉おいしかったよ」っていう会話をして、すごく楽しかったのを覚えてます。気持ち的に塞ぎ込んじゃったりとかすることは、なかったといえばなかったですが、時間を有効に使えてるのかなっていう不安はあったりとか。意外と（子育てで）記憶がないっていうのもあって。思い出せない部分があります。もっと時間があっただろうとは今では思いますけど、当時はあまりなくて。よくやったのが、ツイッター（現X）に毎日一回はツイートしようっていうことです。他のSNSにも、思ったこと、感じたことなどを、とにかくひたすら書いていましたね。当時は、不安がもちろんあって。今後どうなっていくんだろうっていうのがまず見えなくて。（妻の滞在は）期限が決まっていなかったので。（木下さん）

朝と午後の一日二回、子どもの幼稚園送迎で日本人駐妻と顔を会わせていた沢村さんは、第二章1項で触れた少数派の男性としての状況を経験することになった。記者として仕事中心で生きてきた沢村さんは、日本人ママたちとの会話が盛り上がらないことから、自分自身の男性性を強く意識し、帰国後のキャリア設計が気がかりとなった。

大きなアパートに暮らしていましたが、そこにたまたま日本人の家族が六組ぐらい住んでいて。子どもと同じ学校に通っていて、スクールバスの送り迎えのために外で待っているとき、周りはママさんばかりでした。その中にいても、あまり話がかみ合わないんです。そういう所にずっといると、ますます、今後のキャリアが心配になりました。「日本に帰国してから、職場に社会人として復帰できるか」みたいな不安は大きくなるばかりでした。子どもを送り出した後は、ずっと家にいるみたいな生活だったので、このままで大丈夫かなみたいな。来年の今ごろ、何をしてるんだろうなっていう漠然とした不安はあって。(沢村さん)

木下さん、沢村さんはいずれも、一日中家にいるような生活がしばらく続き、周囲とは隔絶された空間に置き去りにされた。ゼロ歳児とは会話ができないため、ふとしたコミュニケーションにも喜びを感じた木下さんと、女性ばかりの中の男性という立場に置かれた沢村さん。二人とも、異国で孤独感を募らせ、その孤独感は帰国後のキャリア設計を巡る不安に転じていった。

†マイノリティーに転じてみて

異国では、日本人はいわばマイノリティーに属する。初めての海外暮らしで、外国人として扱われることを認識させられるとともに、これまでの常識が通用しない点に戸惑いを見せる。

自分が社会のお荷物になったっていう経験を得られたことが、すごく僕の中で大きくて。今まで日本にいると、絶対迷惑かけないで立派に生きてきた人間だと思うんですよ。普通に大学に入って、就職して、正社員で働いてっていうのは。それがアメリカに行って、全然買い物もろくにできなくて。一回り下の店員に舌打ちされるような感じっていうのが、自分が社会に迷惑をかけているっていうようなことを感じて。自分が社会的弱者になったっていうので、すごくそこはショックだったし。それっていうのは、言葉（英語）が話せないから。それはとても大きいことなんですけど。ただ、これほどにも社会に支えてもらわないと、誰かに迷惑をかけないと生きられないような存在になってしまったなっていうことを感じて（しまいました）。言葉が話せないということで、お荷物になる。自分がマイノリティーになったっていう経験が得られたっていうのは、すごく大きくて。（藤原さん）

平日昼間に子ども（ゼロ歳児）を連れて外を歩くようなことが何日も続いて、毎日同じ公園に行くみたいなことになると、やっぱり仕事していないんだなとか（考えてしまいました）。公園は、ナニーさんやシッターさんとか、女性が多かったんですね。

その中にポツンと一人だけ、アジア系の男性がいるっていうのを考えると、「俺は、世の中とは違うことをしてるんだな」って感じました。自分で決めたことなんですけどね。何となくこう、寂しさとは違うんですけど、なんかこう違和感はありましたね。保守本流っていうのが正しいか分からないですけど、マジョリティーじゃない自分をすごく意識した感じはありましたね。（佐藤さん）

大学や大学院を卒業、修了した後、日本企業で十年前後のキャリアを重ねてきた藤原さんと佐藤さんは、少なくとも日本社会ではマジョリティーだと思っていた自分がマイノリティーに転じたというリアルを、それぞれ米国で突き付けられた。

言葉ができないということで幼稚園児扱いされて、自分が周囲に迷惑しかかけていないお荷物に成り下がったと実感せざるを得なかった藤原さんの苦悩は、相当なものだった。

大学院を卒業して大手企業に勤務し、「仕事はそつなくこなしてきた」（佐藤さん）と自負するように、マジョリティー路線を歩んできた佐藤さんの視点からは、ニューヨークの公園に、突然、アジア系の男性がベビーカーと共に現われる姿は、いくら「人種のるつぼ」と言われる多民族都市であっても、異端な存在に思えて仕方がなかった。

3　ぶり返す葛藤

†海外暮らしは「私のおかげ」？

一度は自分を納得させ、現地生活を始めた駐夫たちの中には、再び葛藤にさいなまれた人たちがいた。また、同行決断時はそれほど葛藤しなかったものの、現地で深い葛藤に直面した男性がいた。

渡航前とは異なる、キャリアを中断して異国生活を始めてみたからこそ降りかかった葛藤であり、夫婦間の関係性変化に伴う葛藤であり、稼ぐ力を喪失した葛藤であり、周囲からどう見られているかということに対するセンシティブな葛藤だった。

退職した後、木下さんに待ち構えていたのは異国での乳児の子育てだった。誕生したばかりの乳飲み子の面倒を自分が見る傍ら、念願の海外勤務を実現した妻は、颯爽と働き続ける。その非対称性に、木下さんのストレスは限界に達していた。

将来設計が不透明になり、焦りばかりが募る一方、ゼロ歳児を抱えていると、行動を起こすのにも制限がある。そんな葛藤から、妻に対する言葉は日に日に厳しさを増していった。ここで語っている「付いてきてやった感」というのは、「俺が仕事を辞めて、海外にまで付いてきてやったんだぞ」という感情を表すときの表現だ。

仕事を辞めて、スペインに行き、いろいろなことを考えたんですね。モヤモヤして、何か動かないといけないみたいな焦りが常にありました。のんきに構えてたら、何もしてなかったかもしれないなと思うと、焦っていたのは良かったと思います。ただ、それの弊害はもちろんありました。奥さんに不満を漏らすとか、もちろんありました。仕事を辞めて、一人家で育児をしていることに対する不満です。「俺のキャリアは、ストップしてるんだぞ」とか、「一回会社を辞めて、仕事も何もなくなってるんだ、俺は」みたいな言葉を、けんかで言った気がします。あと、「付いてきてやった感」ですね。自分のことを頼りにされてるのか分からなくなったときは、どうしても出したくなっちゃいましたね。ワーワー泣くゼロ歳児が隣にいたら、そんなことを思うのも、しょうがないところはあるかもしれないですけど。（木下さん）

日本時代、コンサルタントとして働き、妻の収入を上回っていた山本さんは、現地採用社員として就労する米国では妻以上の収入が見込めず、収入面での上下関係が入れ替わることに懸念を示していた。

妻との関係性ですかね。急に妻にディペンド（依存）する形になるので、家賃とか。今までずっと家賃とか、自分が日本で出していたんですけど。年上だし。そこは旧来的な日本的なっていうか。家庭内での関係がそれで急に崩れるのが嫌。力関係っていうんですかね。変わるっていうのに抵抗がありました。（山本さん）

そして、この懸念は、現実のものとなった。

（向こうでの家賃は）妻が会社から全額支給されているので、けんかとかしたときに、「今こうやって住めてるのは、私のおかげじゃん」みたいなことを言うことがたまにあって。それを言われると、なかなか理不尽なんですけど。どっちがどういう動機で来たかっていうのが、よく争点になりましたね。予想していたことだったんですけど。海外で暮らしているという今の状況は、「僕が望んで一緒に企てたことなのか」、それとも、「妻がやりたかったことに、僕が渋々従ったことなのか」かが、ごちゃごちゃになりました。僕も実際、良い機会だと思っていた面もある一方、キャリアを中断されたという側面もあったから、嫌だなと思っていたところもありました。けんかになったときに、「好きで来たのか」か、または「しょうがなく付いて来たのか」と妻に言われると、目の前で起きていることに対する見方が変わるみたいな。そこは、(帰国後も)いまだに解消できていないと思います。(山本さん)

†おんぶにだっこ

第二章で、男性優位社会の象徴でもある日本的雇用慣行の下では、稼ぐ力である稼得能力の有無が男性を追い詰めるという見方を紹介した。いずれも休職制度がなかったために退職し、帰国後のキャリアプランを描くのが難しかった藤原さん、木下さんにとって、稼得能力を失ったという現実は重くのしかかり、自分で自分に対しプレッシャーをかけることにもなっていた。

お金の面で、卑屈に感じることはありました。スーパーに買い物に行っても、自分のお金じゃないと、欲しいものがあったとしても「これは買っていいのかどうか」と手に取ってみて悩んだ後、生活必需品じゃないからと思って、買わずに陳列棚に戻す

ということが結構あったりしました。（藤原さん）

収入では完全に依存してしまうし。力が弱まるというか。稼いでないんだなって思うことが何度もありました。本当にすべて「おんぶにだっこ感」があって。例えば、家庭で皿洗いとか何かしたとしても、それはもちろんお金が発生するわけじゃないし。あと、好きなものを買うにあたって、「自分で稼いでいないから」っていうのは常に頭に浮かんできました。すごくモヤモヤというか。完全に自分が（仕事を）辞めたくて、辞めたわけじゃないし。だから「俺はお金を使う権利はあるんだ」と思いながらも、（現実的には）稼いでいないなっていうところもあって。そういうモヤモヤは常にあった気がします。だから、なるべくお金を使わないように生活したほうがいいんじゃないかって、強く思ったりもしました。稼いでいないから、飲みに行くのも中々ハードルが高かったり（しました）。（木下さん）

一方で、日本への帰国後には元の職場に戻れるという安心が担保されている休職者のほか、山本さんら現地で就労していた男性たちからは、稼得能力について、ここまで深刻に捉える語りは聞かれなかった。ただ、稼得能力の喪失感は、ほぼ全員が抱いていた。退職を余儀なくされ、帰国した後の身分保証もないまま、不慣れな異国で暮らし、お金の使い道や使い方に頭を悩ませる二人の男性の姿からは、「稼ぐのは男性」という旧来の意識や価値観が見え隠れするとともに、頑なまでの男のプライドの存在を想起させる。

†駐夫としてのメンツ

いまだ珍しい駐夫という立場については、誇りに思っていた人もいれば、なかば自虐的に受け止めていた人もいた。それを判断する軸は「他人からどう見られているか」という点だ。周囲からの見方次第で、自己評価について肯定的になることもあれば、否定的になることもあり得る。

女性の海外赴任に同行する駐夫は、圧倒的に少数であるため、周囲でそうした人を見かけたり、存在を知ったりしている人も少ない。女性の社会進出に伴い、女性駐在員の増加と共に駐夫が現われてきたという過渡期であるがゆえに、もの珍しさも加わって、周りからの見方は真っ二つに割れている。

（同じ大学出身で）同じ年ぐらいとか、本当に仲が良かった奴とかも、結構ニューヨークに来ていて。そいつらと比べると「俺は何をやってるんだろう」みたいな感じは結構ありましたね。やれ、三菱商事の駐在員だ、銀行の駐在員だの、コロンビア大学留学中とか、ロースクール留学中とかが結構いて。で（自分は）、無職・ニートみたいな状態だったので、「なんだかな」って思ったりもしました。たまに会合とかに出ると、バカにされたっていうほどでもないんですけど、「何やってるの？」みたいな感じの雰囲気を感じたことがあって。不安というか、嫌だなって思うことがありました。（山本さん）

海外に行ったことによって「会社を辞めて、妻の帯同で海外に来た」っていうのは、ある種珍しいステータスになるんじゃないかなと思っていました。（高橋さん）

渡米したときに、周りの人からは、仕事を辞めて来たっていうのが「すごい決断をしたね」って言われて。だから、主夫っていう肩書が、僕は好きだったんですよね。それに、妻が前に出て、僕が後にいるというポジションについても、割と自分の中では納得がいってたっていうのもありました。（藤原さん）

葛藤の後に渡航し、長時間労働から解放された駐夫たち。日本時代の性別役割を妻とスイッチし、家族のケアを担う日々に疲れ、仕事をしていない自らを受容できず、再び葛藤に見舞われた。外国人として感じる視線、駐夫として見られる評価が気になり、妻との関係性に悩み、日本で担当してきた仕事が頭を離れない。稼ぐ能力を喪失し、自分の男性性にも疑問を抱き始め、妻と激しく衝突する人もいた。

次章では、そうした段階から、どのように変化していったのかについて、探っていく。

第四章

帰国を見据え、新たなキャリアへ

1　現地で触れた価値観に衝撃

†転職はごく当たり前

第三章では、不安を乗り越えて現地に渡航したものの、「男から降りた自分」に対し、さらなる葛藤にさいなまれた駐夫たちの実像を見てきた。

ところが、彼らが現地生活に慣れて周囲を冷静に見渡せるようになると、日本とは異なる雇用慣行やキャリアを巡る考え方に触れ、大いに刺激されるようになる。これまで常識だと思わされてきた長時間労働や転職への意識が変化したのだ。

まず、米国、英国で暮らした三人の語りを紹介する。

日本人で集まる機会がよくあって、皆さん、いろいろな経験やキャリアを積みながら、長い間ニューヨークに住んでいるという人が多かったです。同じ会社にずっといるような人はほとんどいなくて、「もう、何社目に勤務しているのか、よく分からなくなりました」、「キャリアアップしたくてニューヨークに来ました」という人と初めて会ったんですよね。多分、それが結構大きい経験だったかなと思うんです。（日本で働いていた当時は）周りにいる身近な人たちって、ずっとその会社にいるっていう人なんですよ。自分の中の選択肢も会社を出るって、ほとんど現実味がなかったんですけど。逆に会社の人から離れて、何社も経験してるっていう人たちに囲まれると、全然こういうの普通にあるんだな、こういうのが普通っていう世界もあるんだなっていう。何かこう（頭の中が）入れ替わったんです。普通と普通じゃないのが入れ替わったみたいな感じがあって、（転職という道も）すごく現実味を帯びてきた。だからといって、（自分が会社を）辞めたいっていうのは全然なくて。（佐藤さん）

英国で知り合った人たちが、結構職を転々としているんだなという印象がありました。働きながら転職先を探してるみたいな人が多かったですし、別の会社にスカウトされたとか、そんな話もよく聞きました。「そういう世界もあるんだな」と思いましたね。日本では、まだまだ終身雇用がベースで、年功序列の会社が今でも結構多いですが、そういう側面が向こうではなかったので、そんなに簡単に転職するんだって（驚いたと）いう感じですね。日本にいたら、絶対分からなかったと思います。（高橋さん）

日本で働いていた当時、仕事が人生全体の七割を占めるような生活でしたから、結構視野が狭まってきたところがあったんです。違う世界を一旦見られたっていうのは、いろいろな意味で刺激的でしたし、有意義な経験だったなと。今に始まった潮流ではないですが、日本よりアメリカのほうが転職しやすい環境があって。人の流動性とかあったので。言い方が悪いかもしれないですけど、「ポンポン転職していいんだな」と知らされました。自分のスキルとか能力を活かすために、どんどん移っていくっていうのもありなのかなと。ニューヨークで交流していた日本人たちの中には、無一文で渡米して身ぶり手ぶりで頑張ってきたみたいな人とか、自分のアイデアやひらめきでなんとか生き延びてきた人とか、少しずつ転職してステップアップしてきた人とか、本当にいろんな人がいました。日本にいたときに、会うこともなかったような人たちの話を聞くと、チャンスをものにしていったりするのって大事だし、スキルを伸ばす機会もあるんだろうなと（思いました）。（沢村さん）

転職に対する以前のような否定的な見方は、日本でもほぼ払拭されたとみられるが、欧米に比べると、人材の流動性は進んでいないというのが現状だろう。ここで紹介した三人の駐夫たちが暮らしていたのは米国と英国であり、日本にとってもなじみ深い国々だ。彼らは、日本人も含めた現地の人たちと付き合うなかで、転職への抵抗感を抱くことなく、ステップアップの一つとして、極めて前向きに職を転々とする様子に強いインパクトを受けていた。これまでの価値観が崩れ、新たな価値観を見せつけられることとなった。この経験を踏まえた佐藤さん、沢村さんは日本に帰国した後、転職を重ねた。

†家族を最優先に

渡航前、がむしゃらに働き続けてきた柴田さん、佐藤さんは、いずれも米国で駐夫となった。現地の人たちが、「家族あっての仕事」という価値観を抱いているのを知り、日本との違いを認識することになった。

会社を辞めてから、渡米するまでの三カ月は顧客の引き継ぎに追われていました。そんななか、娘の学校で授業参観があったんですよ。平日だったんですが、参加していた保護者は全員女性。僕だけが男みたいな。「なんでこの人、こんな平日に、こんなところにいるの？」みたいな感覚の冷たい視線を浴びるんですね。かといって、そんなことを質問されるわけでもなく。一方、アメリカでは男性がそういう授業参観に行くのって、むしろ当たり前みたいな感じなんです。下手したら、ほぼ半分が男性でした。だから、全然違和感なく教室に入っていけました。（柴田さん）

アメリカ人は、家族を最優先するんです。ウチの子どもと同じような年齢の子どもを持つ家族と何組も会いましたが、とにかく子どもと長い時間を過ごしていました。キャリアをしっかりと築きながらも、そういう生活をしているっていうのを見て、こういう生活や生き方もあるんだなって思えたっていうのは、来なきゃ多分できなかった経験だと思いますね。（佐藤さん）

バブル真っ盛りの一九八八年五月。日本プロ野球界史上最高の助っ人と称された阪神タイガースのバース選手が、子どもの病気手術に立ち会うため、米国に緊急帰国したことを覚えている人も少なくないだろう。球団から一時帰国の承認を得て帰国したバース選手は、手術終了後も子どもに付き添うことを望み、すぐに日本に戻ることはしなかった。

その後、バース選手は球団と対立を深めることとなり、最終的に翌六月に解雇された。この間、日本のメディアでは「わがままだ」、「日本人選手なら考えられない」などと批判された。昭和から平成を挟み、令和の時代を迎えた今であれば、恐らくここまで批判されないだろう。ただ、家族よりも仕事を優先するという考え方が完全になくなったかといえば、決してそうではない。現実的に、家事・育児よりも仕事を優先せざるを得ないという日本の実情は、それほど変わっていないと見たほうが正しい現状把握かもしれない。

家族を大切にし、優先する人たちと米国で出会った柴田さん、佐藤さんは、仕事よりも家事や育児を優先する米国人から学び取った人生観を教訓として心に刻み、日本帰国後のキャリアプランを練り直すことになった。

†自由に生きる

休職中の会社を退社し、大学院に進学することを現地滞在中に決断した大野さんは、オーストラリアで、自身の帰国後キャリア設計に大きな影響を与える価値観に遭遇した。

オーストラリアは、なんとなく気候も良いし、周りの人も非常にオープンな感じで。しかもすごく移民の人が多かったりして。向こうで知り合った人の中にも、役所を辞めて大学院に行くんだみたいな感じの人もいたりして。結構自由に生きている感じもあったので。だからもっと気楽に考えても大丈夫かなみたいな雰囲気もありました。

そういう意味では、会社を辞めて違うことをするっていう方向が、より強まったというか。あと、いろいろな書類を書くのでも何でも、学位とかすごく書かされるんですよね。書くと、その学位なり専門なりについて、相手から反応があるんです。そうしたこともあって、「学位を取っておくのはいいことなのかな」と、思うようになったっていうのはあります。（大野さん）

日本では、精密機器を扱う大手企業で営業の仕事に二〇年近く携わっていた柴田さんは、自身の弱みを見つめ直した。取引先のグローバル企業に対し、自らが提案する事項がなかなか取り合ってもらえず、うまく回っていかなかったことの原因が、現地の語学学校での経験を通じて、浮き彫りになったという。

相手のことを考えて忖度しながら提案していたので、どうしても凄みにならず、尊敬されなかったんだろうなって思いました。多分否定されていたんだろうなみたいな。それで、上手くいかなかったんだろうなと、今さらながら理解しました。同行した四年間は、自分の弱みに気づかせてくれた期間でした。マネジメントでも営業でも、結構忖度しちゃうんですよね。自分の意見を言うほうだと思ってたんですけど、実際は全然違っていたんです。

現地で通い始めた語学学校は、授業がディスカッションばかりでした。まだそのときは、忖度したり、みんなに相づちを打ったりすることが良いことだと思っていまして。そしたら、ロシアの女の人に、一カ月ぐらいしたときに「お前はまともな意見を持っていない、stupid（バカ）」って言われてしまって。「俺、笑顔でちゃんと相づちを打ったのに」と思いました。

そのとき、たまたま横にいたメキシコの女の子が、「意見を言わないと、そうやって言われちゃうんだよ。今度からは、教師の質問に対し、必ず一番に手を挙げろ、分からなくてもいいから」って教えてくれて。そこから、本当に分からなくてもいいから手を挙げ始めて、当たっても、一言二言しかしゃべれないので、トンチンカンなことを言ったりしながら。すると、そのロシア人が三カ月後ぐらいに「あんた、意見あるじゃん」って認めてくれて。アメリカって、話さないといけないんだと気付きました。

インド人なんて、本当強烈でしたよ。どんどん意見は言うし、間違っていたとしても、謝らないんですよ。「あいつら何者なんだ？」と思いました。「間違ってたよ」とか周囲が言ってるにもかかわらず、「そうだっけ？　それって、私が言ったんだっけ」みたいな感じで、とぼけるのも上手なんです。こんな奴らと、一緒にやらなくちゃい

けないのかと思って、かなりのインパクトを受けました。（柴田さん）

沢村さんは、同質性を求められ、ところどころで同調圧力が作用する日本社会とは異なる光景が広がるニューヨークで、新たな自分を見つけるきっかけをつかんでいた。

ある意味、日本って、同質性が高いというか。横並びというか。あまり目立っちゃいけないとか、個性が出すぎちゃいけないとか。ニューヨークって、本当すごい。みんな自由な感じがして個性的でした。そういうのがいいんだなって。自由に生きようって思いました。正直に生きていいかなっていう（風に思いました）。（沢村さん）

†長時間労働への疑問

経済協力開発機構（ＯＥＣＤ）によれば、二〇〇四年以降、主要国の年間平均労働時間は、米国が最長だ。それまでトップだった日本は、非正規雇用労働者が増えたことなどを要因に「平均」の労働時間ベースでは、米国を下回っている。

しかし、今回インタビューをした男性たちは、日本では総合職の正社員として働いていた。彼らは、長時間労働を余儀なくされ、その引き換えに、子どもと過ごす時間は少なくなっていた。今回のインタビュー対象者中、米国での駐夫経験者が七人と最も多い。彼らの目に映った米国人の働き方というのは、どういうものだったのだろうか。そして、どのような影響を受けたのだろうか。家事・育児に専念した水沼さん、現地で就労した山本さんと今井さんが語る。

例えば（一一月〜一二月の）ホリデーシーズンだったら、（米国人は）みんな休むし。一一月の終わりからずっと休みモードじゃないですか。ああいうのがいいなと思ったわけですよ。（日本に比べて）祝日が少ないことはかわいそうだなと思いますが。旅行のために働いているのか分からないですけど、休みになればガッツリ旅行に行きますよね。オンとオフの切り替えが上手だなってていうふうに思いましたね。そういう働き方を知ってから、（帰国後は）効率良く働きたいって考えるようになりました。（水沼さん）

（同じ職場にいた）アメリカ人の考え方に触れて、（日本にいた時よりも）もうちょっとさらに自由度を上げて、主体的に働くということも考えていいかなって思うようにはなりました。（山本さん）

有休を取る人がそもそも多かったりしますね。（日本と比べて）祝日が少ないから、結局同じくらい（の休み日数になる）かもしれないですけど。長く働いてる人は、年間有休三十何日とか持ってるんですよ。あと、現地採用社員として働いていた日系企業では、日本人は、割とスーツを着てましたが、現地の人は、ほとんど着てなかった。自由そうだなと感じましたよね。私自身は、毎日死ぬほど残業しなきゃ終わらないみたいな業務量では、そもそもありませんでした。それは、現地採用社員だから若干恵まれていたと思う。現地採用社員に、あまり厳しく当たれないっていうのが多分あると思うんですね。すぐ辞めちゃうだろうし。一方、日本から駐在員としてきた人たちは、いつも長い時間働いてたのが印象的です。現地採用社員と違って、駐在員とかって、そう簡単に仕事を辞めないですもんね。（今井さん）

水沼さんは、仕事モードとオフモードを上手に使い分けている人と知り合い、日本時代の長時間労働とは異なる効率的な働き方を求めるきっかけになった。現地で就労した山本さん、今井さんには、同僚の米国人が日本人社員より自由に働いているように感じられた。また、日系企業の現地採用社員として働いた今井さんの語りからは、日本人の駐在員は、日本から遠く離れた赴任先・米国の地でも、長時間労働に取り組まざるを得ない状況が浮かび上がる。

2　新しい自分に向かって

†それぞれがスキルを磨く

現地生活に適応し、葛藤や不安を解消した一〇人の男性たちは、異なる価値観や考え方を持つ人との交流を経て、これまで抱いていた価値観の枠を大きく乗り越えていく。家族との向き合い方、仕事との向き合い方、さらには自分自身との向き合い方――。帰国後のキャリア設計に向け、各々は新しい働き方や仕事を模索し、スキルを磨き直したり、新たなスキルの獲得を目指したりしていった。

各国で生活していた彼らにも、いずれは帰国の時期が訪れる。では、その時に備え、それぞれは帰国後のキャリア設計に向けて、どのような準備をしてきたのだろうか。

駐夫たちは、帰国後を見据え、現地渡航前と「同じ業界・業種で働き続ける」ことを決めた人と、「未経験業界・業種に挑戦する」のを決断した人の二つのグループに分かれた。

一〇人全員が、現地で何かしらのスキルを得ようとしていた。そして、滞在先の経験を通じて、各人の働き方を巡る価値観は多かれ少なかれ変わっていった。帰国後のキャリアを考えていくにあたり、そうした変化はそれぞれに対して、大きな影響を及ぼしていた。

本項と次項では、現地で磨いたスキルについて、代表的な事例に触れてみたい。まずは、もともと備えていたスキルを伸ばすことを選んだ佐藤さん、沢村さんの事例を紹介する。

†既存スキル向上でステップアップ

佐藤さんは休職していた通信会社への復職を念頭に、オンライン型のビジネススクールで勉強を始めた。英語力の向上を図るのはもちろん、経営企画やマーケティングなどビジネス上の知識を習得しておけば、職場に復帰した後に、所属先企業から二年間の休職期間が評価され、キャリアの空白とは見なされないと考えていた様子がうかがえる。

最初は、ＭＢＡに行きたいなと思っていたんですけど、英語力がそこまで伸びなかったっていうのと、実際にＭＢＡに行くと、お金の話も難しいねっていうのがあって。出せなくはないけど。それだけのリターンがＭＢＡにあるのかっていうのをすごく話しましたね。妻とも。ＭＢＡのディグリー（修士号）を取ることにそんなに意味があるのか。ディグリーを取るのに、最低でも二〇〇〇万くらいかかると思うんですけど。当時は、休職中の会社に戻るつもりだったので、妻からは「辞めるつもりはないんでしょ。だとしたら、本当に意味はあるのか」という指摘を受けて、（私は）「確かに、意味がないね」って思って。で、前から興味があった、別の大学のサティフィケート（プログラム）に行きました。サティフィケートでも二〇〇〇万とかかかって、決して安くはなかったんですけど。（佐藤さん）

一方、大手メディアを退社して米国に帯同した沢村さんは、渡米直後に現地の日系企業に就職し、日本時代と同様の記者・編集職のポジションを得て、既存スキルである執筆力と分析力に一段と磨きをかけていた。かねて興味があった移民問題など、現地では新たな分野にも手を広げていた。その企業を一年で退社した後は、フリーのライターとして記事を執筆していた。

帰国後も執筆の仕事を志向していたが、コロナ禍でも、日本のメディア業界では出社文化が色濃く残り、リモートでの勤務が広がっていない実情を知る。コロナが始まってから、一気にリモート勤務に移行した米国と比べてみると、日本のメディアで働くことは無理だと判断。帰国後もリモート勤務を強く望み、未経験業界・業種への挑戦を決意した。

コロナの前と後とで（働き方への考え方が）だいぶ変わった気がして。コロナ禍なのに、リモート勤務じゃなくて、実際に現場とか記者会見の場に出ているっていうのが多かった（と聞いていた）ので。でも、コロナになってからは、アメリカでは、リモートで働ける会社が多かったので、それがしやすい会社っていうのを軸に、仕事を探しました。（沢村さん）

既存スキルの向上に努めていた沢村さんにとって、コロナ禍の東京でも、普通に通勤している人がいるのを知ったのは衝撃的だった。ビジネスパーソンをはじめ、買い物客、観光客が一斉に消え、ゴーストタウン化したニューヨーク・マンハッタンの惨状を目の当たりにしていた沢村さんは、数カ月後の帰国に向け、急遽方針を転換した。

†新たなスキルの獲得へ

一方、新たなスキルを獲得することによって、帰国後の再就職を有利にしようとした人たちは、そのスキルを生かして、渡航前とは異なる業界・業種にチャレンジしていた。

帰国後は、これまでと異なる仕事につくことを意識していた木下さんは、渡航先のスペインでまったく門外漢だったプログラミングの勉強に取り組み、意欲的に学習を進めていた。

実は、（退職した会社と）同じ職種に戻るのはできるかなとは思っていて。（辞めてから）二、三年経ってるけど。多分、それが一番。（帰国後も）やったらできるだろうなとイメージしていて。ただ、今戻ったら、前の仕事の働き方で多分ずっと一生やるなと思って。じゃ、その後にまた（妻が赴任で）海外に行くよってなったら、また同じ気持ちになるなと思って。現地で仕事がないし。じゃ、「新しく勉強して何かを身に付ければ、また海外に行くことになっても、活用できるんじゃないか」って思ったんですね。なので、チャレンジは必要だなと思いました。どうなるか分からないけど。当時勉強していたプログラミングで仕事が見つかって、そこからキャリアを積んだら、もう一回（妻が）海外赴任になったとしても、現地からもしかしたらオンラインで働けるかもしれないし、現地の仕事が見つかりやすいかもしれないということを想像しました。（木下さん）

商社で品質管理や経理の経験を持つ高橋さんは、英国・ロンドンで動画編集やホームページ作成などのＩＴスキルを身に付けようと学び始めた。その後、日本語を学びたいという需要が一定数あることを知り、日本語教師資格を取得するための学校にも通い始めた。

現地で、ポーランド出身の人と知り合いました。英語を勉強して、英国で英語を教えていた先生です。その先生に「次に言語を習うとしたら何がいいですか」と尋ねると、「日本語を覚えたい、桜を見に行きたい」って言ってたので、日本語の需要が少なからずあるんだなということを知りました。当然、現地で取得すれば、一つの資格として、帰国後は何らかのプラスにはなるかなと思っていました。学校には週二〜三回通い、最終的に取得はできたんですけど。（高橋さん）

一〇人は、これまでと同じ業界や業種で働き続けるか、未経験の業界・業種に挑戦するかを検討した上で、自らが持つ既存スキルや強みを向上させるか、新たなスキルの獲得を目指すかのどちらかに分かれた。

帰国後、退職した人は就職活動を始め、休職した人は元の職場に戻ることになる。彼らが現地で磨いたスキルは、帰国後にどのように評価されたのだろうか。

3　変わった自分と、変われない日本

†キャリア移行に差

一〇人の中で、休職していた四人のうち、二人は帰国してから元の企業に復職した。他の二人は、現地滞在中か帰国直後に退社し、大学院への進学や再就職を目指した。渡航前に退社した六人中、五人は日本に戻ってから本格的に就職活動を始めた。残る一人は、米国で働いていていた会社の日本法人に籍を置いた。一〇人それぞれが、駐夫経験を終え、日本におけるキャリアの再開に踏み出したのだ。

ところが、再就職組と休職組のあいだで、キャリア移行のスムーズさに差が生じていた。再就職組は、いずれも現地での経験や磨き上げたスキルが評価され、それほどの困難やストレスを感じることなく新たなキャリアに移行していた。片や、休職していた会社に戻った二人は、現地での経験が社内評価の対象にならず、もどかしさを払拭できなかった。

復職した水沼さん、佐藤さんは、いずれも米国で休職していた時の経験が評価されないどころか、何をしていたかも尋ねられないことに対し、会社への不信感を募らせた。本人

は、極めて貴重な期間だったと胸を張っていたにもかかわらず、考慮すらされないことに、イライラを感じていた。この背景には、企業側の「休職であってもキャリア中断に他ならない」という判断がある。男性のキャリア中断との親和性を著しく欠く、日本的雇用慣行の悪癖が見え隠れしている。

†駐夫経験が評価されない

まず、休職組のうち、復職した二人の事例から見ていこう。

帰国が決まった後、米国からオンラインで就職活動を始めていた水沼さんは、外資系企業から内定を得ていた。帰国を前に、元の職場と話し合っているうちに、心がどんどん離れていったのだ。内定を得ていた強みもあり、所属先の会社に復帰した初日に行動に出た。

出社した初日、「こういう仕事を任せたいと思うんだけど」って言われたので、「その前に話があります」と伝えて、「辞めます」と言いました。帰国が決まった時は、復職が第一の選択肢でした。ただ、実際に戻ることが現実問題になると、会社の未来がないし、嫌だなと思っていたわけです。僕はスマートフォンの商品企画をやっていたのに、（噂で流れてきた、帰国後の）戻り先は全然違うんですよ。親玉（である上司）

の一言で変わるわけです。僕のアメリカでの経験を何も聞かないし。例えば「英語できるようになったの？」、「どんな仕事をしたい？」などと聞いてくれないし。なんで勝手に決めてるの、と感じました。パズルの一ピースが空いたから、そこにあいつを埋めとけみたいなものです。

元々、休職制度っていうのは、同じ所に戻るっていうのが暗黙の了解じゃないですか。そこに（いったん）戻してから、僕の意見を聞きながら他の部署（に行け）とかっていうのは、まだ分かるんですよ。元の部署がなくなってるならまだしも、まだちゃんとあるんですと。にもかかわらず、戻さずに勝手に（別の部署に行くことを）決めて、結構腹が立ちましたね。で、（在米中から進めていた転職活動で）オファーレターを頂いたときに、よしと。きれいさっぱり辞めようという感じでしたかね。（水沼さん）

一方の佐藤さんは、知り合いがいて、渡米前と同じチーム・役職に戻ったこともあり、すぐにキャッチアップできた。二年間仕事をしていなかったことによって、昇進の面で同期との差が付き、二つ下の後輩と同じラインに立つことも、仕方ないと理解していた。ただ、働き方に関する考え方が二年間で大きく変わってしまった佐藤さんは、次第に違和感を抱いていくことになる。

前はそんなことなかったんですけど、朝早くから出社して、夜遅くまでいるみたいなのは、おかしいと感じるようになりました。明らかに二年間で変わった感覚です。二歳の子どもは、午後八時、九時とかに帰ろうものなら、もう寝てるんです。せめて、六時には帰りたいなって思ったんですよね。今でこそリモートワークが結構一般的ですが、当時はパソコンを持ち出すにも、いちいち申請が必要な状況でした。(会社の)柔軟性が少し足りなく見えたっていうのはあります。夜は、子どもと一緒に家にいたいと思うようになりました。一緒に夜ご飯を食べられないような仕事を続けていいのか、夜遅くまで仕事をしたくない、子どもと一緒にいる時間を確保したいと考えるようになったんです。

別の面では、二年間、自分があまり他の人はしてないだろうなっていう(駐夫の)経験と、英語力の向上、USCPAの勉強も資格を取るまでには至らなかったんですけど、ビジネス知識に関する勉強もして、いろいろアップデートできたかなと思って戻ってきたときに、同じ仕事に戻るっていうことが、それが本当にいいのかなっていうのはちょっと思ったんです。給料も同じなんですよね。(佐藤さん)

この後、水沼さんは、内定を得た外資系企業に就職した後、好待遇や働きやすさを求めて、さらに転職を重ねている。復職後の職場環境にどうしても違和感を拭えなかった佐藤さんは、転職活動に踏み切った。面接では、午後六時以降は仕事をしたくないということと、同じ内容の仕事を続ける旨を伝え、その条件が受け入れられた企業に転職した。

†同行期間はブランク？

退職して国外に同行した後、帰国してから就職活動を始めた男性たちは、キャリアの中断をブランクと捉える企業の存在もあり、一定の壁にぶち当たったものの、それぞれが再就職を果たしていた。高橋さんは、現地で得た日本語教師資格やＩＴスキルを生かすことにはならなかったが、就職した学校法人からは、キャリア中断は問題視されることなく、経理の経験が評価された。

書類で落とされる所が、すごく多かったですね。面接までたどりつけば、エージェント経由で「すごく印象が良いです」と回答を頂きました。ブランクをマイナスと取るような会社は、そもそも書類で落とす。面接で「何をしていたんですか」と聞かれることはありましたけど、「海外に行くと決めた時点で、私としてのキャリアはプラスになる」というふうに堂々と話をしました。それで、向こうは納得してくれました。三〇を超えて、いい歳をしたおっさんが海外で新しく生活を始めるっていうのが、その時点でプラスになるっていうのが分かってくれたと理解しています。（高橋さん）

働き方の価値観が変化した自らと、旧態依然の日本社会に強烈なギャップを感じた人もいる。帰国後、新生児が一歳になるまで専業主夫として過ごしていた藤原さんは、子どもが保育園に入れそうになった段階で就職活動を始めた。そこで、日本的雇用慣行をちらつかせてきた面接担当者の言葉に、少なからずショックを受けた。

企業さんによりますが、「ブランクをどう考えますか？」っていうふうに聞かれたことはありました。（理由を答えると）「そういった明確な理由があって休職されていたのであれば、大丈夫ですね」っていうような感じでした。でも、働き方に対して、変わった自分と変わってない日本の労働文化っていう乖離をすごく感じるようになりました。ある会社の面接で、男性なのでちゃんと働いてくれるよねっていうようなことをすごく匂わせてくる所もありました。採用の人に「子どもが風邪ひいたらどうしますか？」と聞かれて、「妻と半々でケアします」と答えたら、「僕は妻に全部休んでもらいましたけどね」みたいなことを平然と言ってくる人がいて、唖然としました。日本では、そんなことを誇らしく言ってしまうんだよなと再認識し、それがまだ常識なんだなと感じたものです。今の会社もそうですが、子育てを全部妻に任せて働いてる人もいます。それはその人が悪いわけじゃなくて、会社としても、そういう働き方を望んでる側面が強いということをすごく感じています。その辺について、自分の中の価値観と日本社会とのずれがあって、今も拭いきれないんですよね。（藤原さん）

†給料アップを勝ち取る

現地でプログラミング能力を身に付け、帰国後はｉＯＳエンジニアに転身した木下さんは、さらなる好条件を求めて、新興企業に転職した。渡航前と比べ、最初の就職先では年収がかなり下がったものの、現在の会社では給料が上がったという。

（現地での経験が評価されたというのは）間違いなくあると思います。面接では、スペイン時代に自宅で日本食の料理教室を開いたことや、スペイン発祥のスポーツ・パデルを習い、帰国後は副業でコーチをしていることなど、多岐にわたることを話しました。他の人がなかなか経験していないようなことを語れることは、私の強みだと思いますし、自分の軸だと考えています。日本とは異なる環境で、いろいろチャレンジしたことを、臆することなく語れるということ、それ自体も同行したことで得られた学びなんじゃないかとか思っています。もちろん、エンジニアとして働いていたことがなければ、今回の採用の土台にすら乗っていないんですけど。（転職の理由として）年収はありましたね。年齢的にも家庭的にも、給料を早めに上げて、年相応のお給料をもらいたいって（感じていました）。（木下さん）

休職して渡航した人、退社して渡航した人、現地で就職した人、家事・育児に専念した人――。一〇人それぞれは異なる径路を辿りながらも、現地生活で刺激を受けたことが一つのきっかけとなり、スキルや経験を存分に生かして、各々が満足できるキャリア設計に至った。

駐夫生活からキャリアの再構築に至った彼らが歩んだ径路は、まさしく「十人十色」、人それぞれ一〇通りとも言える。彼らは、後を歩む駐夫がこの先も増えていくという見立てのもと、今後の参考に十分になり得るという観点からインタビューに応じてくれた。次節では、一〇人が実際に歩んだ人生の径路について類型化を試みる。

4 帰国後のキャリア設計は四分類

†既存スキルか、新たなスキルか

調査対象者一〇人は、それぞれ現地での経験を通じて働き方に関する価値観が変化し、帰国後のキャリア形成についてじっくりと考え、準備に努めた。その過程で、保有していたスキルや知識を伸ばす人もいれば、新たなスキルや資格を身につけた人もいた。既存スキルの拡充に努めた人も、未知のスキルを取得した人も、各々が積極的にレベルアップを図ったことにより、自らの成長実感を得られただけでなく、獲得した成果は帰国後の就職活動で企業側からの評価につながり、効果を発揮した。日本におけるキャリア中断は重いハンディとならず、一〇人全員が新たなキャリアに移行していたことが明らかになった形だ。

インタビューで得られた語りを分析すると、一〇人がキャリア再設計に到達するまでの径路は、四つのマトリクスに区分することができた。(一) 既存スキル昇華・同業型、(二) 既存スキル昇華・挑戦型、(三) 新スキル獲得・同業型、(四) 新スキル獲得・挑戦型の四つのグループである。このうち、新たなスキルを獲得した上で別の業界を目指し、帰国後に仕事を得た四つ目のグループに含まれる人が四人に上り、最も多かったのが目を引く(図4-1、表4-1)。

第三章、第四章のまとめとして、一〇人が歩んだ四つの類型に関し、それぞれ分析する。

†既存スキル昇華・同業型

既存スキル昇華・同業型には、水沼さん、藤原さん、佐藤さんの三人が該当した。すでに備えていたスキルを磨いて、渡航前と同じ業種に就職した人たちである。

特徴は、休職制度を活用した二人(水沼さん、佐藤さん)が含まれている点で、いずれも渡航前は所属先の会社に戻り、復職する意向だった。どちらも帰国後のキャリア形成を見据え、渡航した直後から自らの仕事に役立つスキルや経験の獲得に努めていた。実際、二人とも元の会社に復帰こそしたものの、もどかしさや違和感を隠せず転職した。

渡航前は二社目となる企業に勤めていた水沼さんは、以前勤務していた企業時代は海外出張が頻繁にあり、英語を不自由なく使いこなしていた。二社目では、海外出張が皆無となり、英語を使う機会が失われ、英語力の劣化に悩んでいた。そのため、渡航後はコミュニティーカレッジ(短大)で語学力の向上を図り、キャリアアップを目指した。

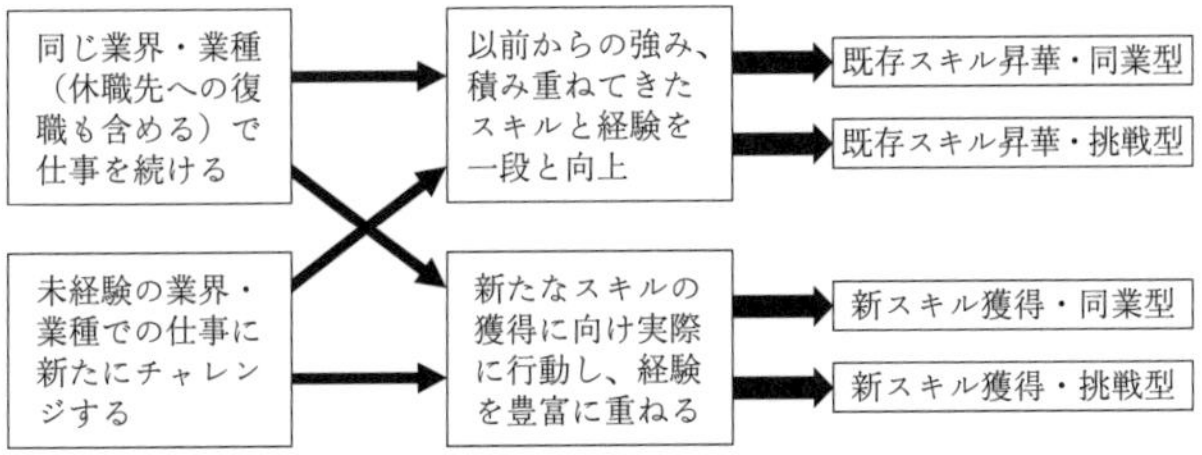

図 4-1　強みの生かし方、今後のキャリアの方向性と類型の関係モデル
筆者作成

類型	対象者	スキル・経験
既存スキル昇華・同業型	水沼 藤原 佐藤	英語 家事力　育児力 ビジネス知識
既存スキル昇華・挑戦型	沢村 大野	執筆力　分析力 農業研究　農政知識
新スキル獲得・同業型	山本	MBA
新スキル獲得・挑戦型	今井 柴田 木下 高橋	現地就職（未経験業界） 現地留学 プログラミング　スポーツ IT スキル　日本語教師資格

表 4-1　各類型と調査対象者のスキル・経験
筆者作成

一方の佐藤さんは、ビジネス上で求められる知識を会得するべく、オンライン形式の大学院ビジネススクールでの学びを始めた。合わせて、中断していた米国公認会計士（USCPA）の勉強を再開し、英語の実力を測るために検定試験（IELTS）を適宜受けていた。水沼さん、佐藤さんはいずれも、休職中の会社に帰国後いったんは復職したものの、休職中の経験を評価されないどころか、尋ねられもしない企業体質に違和感を抱き、このままでは自己成長が図れないと判断して、海外での経験をアピールした結果、いずれも外資系企業に転職した。

休職制度がなかったために退職した藤原さんは、長期間の滞在が予定されていたため、帰国後のキャリア設計を喫緊の課題として捉えていなかったものの、渡航前と同じ営業職への復帰を漠然と考えていた。子どもとゆったり過ごす日々にも喜びを感じていた。

新型コロナウイルスの感染拡大を受け、妻とともに急遽帰国した後、誕生間近の子どもと過ごすため、一時的に主夫を選択し、現地で上達させた家事・育児力を日々の生活で発揮した。その後、新生児が一歳になったタイミングで営業職として就職した。

†既存スキル昇華・挑戦型

既存スキル昇華・挑戦型に該当したのは沢村さん、大野さんの二人。いずれも、これまで積み重ねてきた経験をいかにして発展させていくかということを念頭に置き、自らの将来設計と所属していた業界の働き方や将来性との兼ね合いを熟慮した結果、他業界に挑戦することにした。沢村さんも大野さんも、大手メディアの記者職として、それぞれが強い関心を抱いていた取材現場の第一線に立ち、執筆活動を展開していたため、既存のスキルや知識を伸ばしながらも、旧態依然とした業界や会社の体質に嫌悪感に近い感情を抱き、新たな一歩を踏み出したのが特徴だろう。

休職制度を使わず退職した沢村さんは、現地で就職した日系企業では以前と同様の記者・編集職のポジションを得て、執筆力と分析力に磨きをかけた。日本時代の専門分野とは異なり、移民問題などグローバルな視点を養い、帰国後はコンサルタント会社に転職した。その後も転職を重ねており、着実にキャリアアップを実現している。

大野さんは、大学生時代は農業分野の研究を重ねており、記者としても農業政策に関心を寄せていた。渡航した後は、取材を通じて得られた農業の知識をさらに伸ばすだけでなく、大学院で農業の研究を行いたいという思いが湧いてきた。在外研究員として現地の大学に赴いた妻の後押しもあり、帰国後の大学院入学を決め、帰国直後に会社を退社、大学院へ入学した。修士課程を終えた後は、博士課程に進学した。

†新スキル獲得・同業型

新スキル獲得・同業型に該当したのは、山本さんだけだった。山本さんは、同行するか否かで激しい葛藤を繰り返し、現地留学や現地就職などを模索した結果、最終的に同行を決断した直後に現地での就職先を決めていた。米国で生き抜く上で、学位取得の必要性を痛感し、かねて関心があったMBAを取得するため、現地の大学院に入学した。

これに先立ち、日系企業の現地社員として就職した別業種の企業では、駐在員よりも立場が下であるのに劣等感を抱き、キャリアダウンに至った自らに耐えきれず一年半あまりで退社した。その後、日本でも勤務していたコンサルタント企業の現地法人に日本採用枠として転職した。異なる業種にいったん就職した経験によって、あらためてコンサルタント業界への思いを強め、さらなる強みを得ようと、MBA学習を始めた点が特徴だ。

†新スキル獲得・挑戦型

最も多い四人が該当したのが新スキル獲得・挑戦型である。最もチャレンジ精神に富んだ人々であり、四人全員が、渡航前に本人もまったく想像していなかったキャリアチェンジを遂げている。それぞれが帰国後のキャリア構築に向け、現地滞在中に新たに得た経験やスキルを必ず結実させるという強い意欲を示しており、新たな業界に歩みを進めた。

休職して渡航した後、一年間は主夫として過ごした今井さんは、現地就職にあたって、保有する公認会計士資格を生かす企業ではなく、未経験のポジションで働ける業界を選んだ。帰国後も、会計士資格を活用する道を選ばず、大手デベロッパーに再就職した。米国での現地就労で培った英文契約書の読み解きなどのスキルが重宝されている。

妻の海外赴任同行を二度断った末、三度目で応じた柴田さんは、帰国の一年前から帰国後のキャリア構築を本格的に検討した。語学力を身に付けようと入学した現地のコミュニティーカレッジ（短大）で、書類の書き方をはじめ全般的に世話になった職員の人柄に多大な影響を受け、同様に海外からの学生を支援する仕事に就く決断をした。帰国後は大学職員に転じ、外国人学生として過ごした経験を生かし、留学生支援に取り組んでいる。

知識ゼロからプログラミングの勉強を始めた木下さんは、現地で積み上げたスキルが帰国後は成果として評価され、未経験の情報サービス会社にエンジニアとして入社した。その後、スマホのアプリ開発能力を武器に、大手スキルシェアクラウドサービス会社に転職、大幅な給与アップを実現した。スペインで習っていたスポーツ「パデル」のコーチを副業でも行っている。

高橋さんは現地滞在中、動画編集などのＩＴ技術を学ぶ一方、日本語教師の資格を取得した。帰国後は、前職時代の経理や品質管理など豊富な経験が重視され、学校法人に就職した。現地で獲得したスキルを直接は生かしてはいないものの、四年近くに及んだキャリア中断がマイナス要素として判断されることはなかった。

†全員がキャリアの再設計に成功

渡航前から現地滞在中、そして帰国後のキャリア設計に至るまで、インタビューに応じてくれた一〇人は、私の質問に対し、極めて率直に思いを語ってくれた。その時々の感情の起伏や、妻をはじめとした周囲の人たちとの会話、現地生活において日本とは異なる価値観や考え方に遭遇した際の情景などを、記憶をたどりながら思い起こしてくれた。

一〇人の駐夫経験者は、それぞれ時期こそ違うが、皆が複雑な思いに囚われ、悩み、苦しんだ。そうした意識変容を経て、現地での経験を無駄にしないという思いを持ち、結果的に全員がキャリアの再設計に成功していた。

次章では、本書を執筆するに際し、新たにインタビューした男性二人の事例を見ていく。

第五章

妻に収入で負けたとき

1　妻は良きライバル？

†妻より下に見られてしまう

第三章と第四章で、一〇人に上る駐夫の実例を見てきた。彼らは、配偶者である妻の海外赴任が決まり、さまざまな葛藤を経ながらも、最終的には自分自身で同行することを決断した。現地渡航後は、キャリア中断や稼得能力の喪失に直面し、再び葛藤にさいなまれた。中には、異国で華々しく活躍する妻と、その妻に帯同した自分との非対称性を突き付けられ、妻との関係に悩んだ一面について、慎重に言葉を選びながらも、複雑な心中を吐露する男性もいた。

これらを踏まえた本章では、駐夫からのインタビューを通じて浮き彫りになった事例のうち、国内でも起こり得る夫婦間の非対称性に着目する。共働き夫婦の増加と女性の社会進出に伴い、社会的地位や収入において、夫と妻の間で差が広がっている夫婦の事例があるのではないか。具体的にいえば、共働きであっても、「夫よりも稼ぎが良い妻」が増えているのではないだろうか。外からみて、妻のほうが社会的に出世しているような印象を与えるような夫婦は今の時代において、決して少なくないのではないだろうか。

駐夫の研究をさらに肉付けするために、海外駐在員の妻に同行するというごく限られた男性ではなく、より身近で一般的な例として存在しているとみられる「妻のほうが自分より稼いでいる男たち」として、男性二人（内田さん、渡辺さん）にインタビューを試みた。

なお、二人はいずれも結婚してからも共働きを続けており、次第に夫婦間で差が拡大した事例であって、結婚時から知名度や収入で大きな差があった、いわゆる格差婚ではない。

†「もっと稼いでほしい」

妻から「もっと稼いでほしい」と、しょっちゅう言われます。（妻は、私に対してもっと、収入の面で頑張ってほしい、という思いが）めちゃくちゃあると思います。めちゃくちゃある。それ、めちゃくちゃあると思いますね。


関西在住の会社員内田さん（三〇代後半）は、「めちゃくちゃ」というワードを三回繰り返して、こう力説した。同じ大学の一つ後輩だった妻と結婚したのは、一〇年ほど前のことだ。二人の子どもに恵まれ、仕事の傍ら、家事や育児にも全力で取り組んできた。

内田さんは大学卒業後、公務員として数年間働いてから、民間企業に転身した。会社では研究職として勤務しており、発表したレポートがメディアで取り上げられることも増えてきた。妻は大手企業に就職したものの、一念発起して国家資格を取得し退職。今は資格をふんだんに生かして、従業員数人を抱える会社を経営、年商は順調に推移している。

結婚前から「女性は何かしらの形で社会と繫がるべきだと強く思っていた」という内田さんにとって、結婚後の夫婦共働きはごく自然で、当然の選択だった。当時、内田さんは公務員で、妻は企業勤めの身。収入は内田さんが上回っており、一家を支えているという自負もあった。

自分が大黒柱という感じでしょうかね。自分がやっぱメインで、妻は所得的にサブという感覚はありました。妻も所得はありましたが、どっちが主でどっちが従という関係では、主は明らかに私でした。例えば、海外旅行代などは、ボーナスなどを使って全部私が出していました。食わせてやっているっていうことではないんですが、主従の意識はありましたね。

ところが数年後、その主従関係が逆転する。妻の収入が内田さんを上回るようになったのだ。資格を活用し、顧客を特定の業種に絞ったビジネスが軌道に乗り始め、新聞やテレビ、雑誌などメディアでの露出が急増した。著書も相次いで出版した。内田さんは当時、民間企業に転職したばかりの頃で、求められるスキルの違いに難渋し、苦戦していた。

まったく異なる職種に転職しているので、スキルが圧倒的に足りませんでした。転職してから二年半もの期間、仕事でのパフォーマンスが上げられず、完全に立ち上げに失敗しました。その間、妻は一気に「わっ」と来たんです。

共働き夫婦で、どちらかの仕事がうまく回り始めた一方、片方のパートナーが対照的な局面を迎えたとき、夫婦間で何らかの化学変化が起こるのだろうか。まして、男性が優位に立つ日本社会で、妻ではなく夫が収入で劣るような形になると、どうなるのだろうか。

客観的に申し上げると、経済的地位、経済的な所得という意味では、向こう（妻）のほうがはるかに多いわけですよね。これは、もう間違いありません。私の倍以上稼いでいるわけです。私の稼ぎなんかなくても、ウチの家計は十分に回っていくんです。まあ今でこそ、社会的地位という意味では、私の仕事が特殊なこともあって、夫婦間ではそんなに差がないという風に認識されていると思います。そうした状況ではありますが、転職してスタートダッシュがあまりうまくいかなかった時期に、彼女のほうがはるかに社会的にうまくいっていた時期は、素直に複雑な心境がありましたね。

†稼ぐ妻からの恩恵を、受けるのは誰？

稼得能力における優位性を、一つのよりどころとしているのが男性性＝男らしさと言えるだろう。男は外で稼ぐもの、という伝統的な考え方がまん延するなか、三〇代と若い部類に入る内田さんですら、稼得能力で妻を下回ると心穏やかでなかったという。夫婦間における収入逆転を、どう捉えていたのか。

妻の社会進出は望ましいと思いますすよ。何というか、経済的にその恩恵を受けるのは私でもあるし、率直に言って、望ましいのは望ましいと思うんですよ。やっぱり、嬉しいというか、ありがたいというか。そう言う意味では、男性と女性の立場が逆転しているんですよね。

内田さんは続ける。

つまり、今までは、例えば（高収入で知られる）商社マンの旦那さんをつかまえた女性みたいな、社会的地位みたいな観点からもそうですし、世帯年収という点では、女性側にものすごく恩恵があったわけじゃないですか。だから、そういった男性が、例えば合コンとかでは人気だったりするわけですけど、それが、今は逆の状況になってきてるわけですよね。女性が社会進出して、経済的にすごく大きな所得を得るようになったりした時に、一番恩恵を受けるのは男性パートナーなんですよね。で、私に関しては、そういう意味では、自分の稼ぎがお小遣いみたいな感じで使えるわけですよ。これはすごい、なんかすごい世界観なんですよね。私も、結構しっかり（給料は）いただいてますから、本当にありがたいし、素直に嬉しいです。

今は死語の部類に入っているが、かつて「寿退職」、「寿退社」などという言葉があった。大学や短大を出た女性が、結婚を機に仕事を辞める＝家庭に入るということで、女性が結婚することを「永久就職」などと表現する向きもあった。

総務省の「労働力調査」（二〇二二年）によれば、就業者数は男性が三六九九万人、女性は三〇二四万人と、数の上ではほぼ拮抗しているのが分かる。しかしながら、その就業形態をみると、正規雇用は男性が二三四八万人に上る一方、女性は一二五〇万人と男性の約半分にとどまっている。男性の非正規雇用は六六九万人なのに対し、女性は一四三二万人と、男性の倍以上だ。つまり、共働き世帯が増えているとはいうものの、男性と女性の間で、正規労働、非正規労働の格差が厳然として存在している。

そして、正規と非正規では、当然ながら給与面での大きな開きがある。結婚時に仕事を辞めなくても、子どもが生まれた前後で職場を離れる女性がいる。さらに、これまでに述べてきたように配偶者の海外転勤を受け、泣く泣く離職せざるを得ない女性もいる。一度キャリアの中断を迫られた女性が、帰国後に再就職しようと思っても思い通りにいかない実態は、第二章で紹介した。

話を内田さん夫婦に戻す。内田さんは、年収が妻に抜かれたことを、当時は転職したばかりで苦労していたこともあって、複雑な思いで受け止めていた。自宅で、仕事の成果を強調する妻から「「うまくいった」みたいなことを聞かされると、聞き流そうとするというか、素直に万歳という気持ちになれなかった時がありました」と振り返る。

†モヤモヤは消え去るのか？

妻の稼ぎによって、最も経済的恩恵を受けているという内田さんだが、妻が右肩上がりで仕事の実績を伸ばしている際に抱いた複雑な思いを、「モヤモヤがあった」と表現した。

ストレートに言えば、うらやましさはありました。でも、応援したい気持ちもありました。稼ぎの恩恵は私に来るわけですから。応援する気持ちが半分、焦りが半分といったところでしたね。妻は、自分の最も身近にいる同世代です。やっぱり、そういう人と自分を比べた時に、焦るっていう気持ちがない人は、まず、いないんじゃないかと思います。

でも、嫉妬はなかったですね。嫉妬という感情はありませんでした。焦りなんです、やっぱり。先輩、後輩という関係だったので、後輩に追い抜かれていく感覚っていうのがあったんでしょうね。とは言え、それが原因で口論とかすることはなかったですね。何か、すごく羨ましかったり、焦ったりするんですけど、「やっぱり、恩恵が自分に来る」と思えて、最後はギリギリのところで納得できるんですよね。世帯年収が上がるのは、誰にとっても「めっちゃ、良いじゃん」みたいな感じでしょうし、もう慣れたというか。

応援と焦りが半分ずつ同居していたモヤモヤは、年がほとんど離れていないことと、大学時代の上下関係から生まれていた。内田さんは、内田さんを先輩だと思う意識が「妻には、全然ない」と断言する。一方の内田さんは、自分が先輩だという意識を一定程度抱き続けているがために、複雑な思いやモヤモヤが生まれたと推察される。

仕事内容や職種が重ならず、専門性も異なる内田さん夫婦の間で、内田さんは妻に仕事に関する相談をすることはなかった。かたや、妻はかなりの頻度で内田さんに相談してきたという。

妻からの相談について、素朴に「ちょっと、めんどくさいな」と思ったことは結構ありますね。妻は、今も私よりはるかに仕事がうまくいっているわけです。うまくいっているんだから、自分で考えたほうがいいんじゃない、と思うんです。

ところが、新たな職場での仕事が波に乗り始めた今は「自分の社会的地位が上がってきたんで、今はその気持ちはないですね」と言い切る。背景にあるのは、自らも仕事で活躍しているという自信だ。著書はベストセラーとなり、新聞記事に取り上げられたり、テレビ番組に出演したりすることも珍しいことではなくなってきた。

今は本当に、私の状況が変わってきているので、応援したい気持ちのほうがどんどん強くなってきていますね。そのバランスですよね、ある種、競争相手でもあるので。社会人としての実績では、一〇〇％負けてますけど、仕事のジャンルは違いますが、パートナーシップでしょうか。私が想像していた夫婦よりは、はるかにパートナー的な関係です。

モヤモヤがまったく解消されたわけではないが、五〇対五〇だった、焦りと応援したい気持ちの割合を巡っては、応援が焦りを凌駕するようになっている。

収入の多寡はさておき、内田さん自身の仕事におけるパフォーマンスの向上が、自己肯定感を取り戻すきっかけとなり、ワークエンゲージメントが高まっているものとみられる。ワークエンゲージメントとは、労働経済学などで注目を集めている概念で、厚生労働省によれば、仕事に関連するポジティブで充実した心理状態として、「仕事から活力を得ていきいきとしている」（活力）、「仕事に誇りとやりがいを感じている」（熱意）、「仕事に熱心に取り組んでいる」（没頭）の三つが揃った状態として定義されている。

†どっちが大黒柱？

妻は、経済的に自分がメインになっている今の状態に対し、若干違和感を抱いているらしく、自分が大黒柱になりたくないと思っているんですよね。経営者ということもあり、継続的に所得が保証されていないということがあるのかもしれませんが、やっぱり経済的な重荷を背負いたくないと思っています。その意味で、妻は精神的には大黒柱ではないんですよ。

双方が話し合った上で決めたという年収に応じた傾斜配分に基づき、内田さんの倍以上を稼いでいる妻が、生活費や教育費に加え、旅行代などの大半を支出しているものの、一家の大黒柱たる存在になるのは望んでいないというのだ。第三者から見れば、多く稼ぎ、多くの家計支出を担う妻のほうが内田さんよりも大黒柱であるように映るのだが、どういうことなのか。

女性が（収入面で）メインに立つということが、普通じゃないわけですよね、この国では。例えば、住宅ローンとかに関してもそうです。サラリーマンとは違って、決まった所得がないというふうに妻が考えているというのがあるとは思うんですけど。

銀行など金融機関の窓口で、夫婦で住宅ローンの相談に訪れた際、先方の担当者が夫のほうばかりを見て話しかけ、妻を一切見なかったなどという話を聞いたことがないだろうか。これは、典型的なアンコンシャスバイアス（無意識のバイアス）の一例だ。偏った見方や思い込み、先入観が知らず知らずのうちに、頭に刻み込まれ、その人の固定観念や既成概念として定着していく。金融機関の担当者は、男性＝夫のほうが、女性＝妻よりも稼いでいるに違いないというステレオタイプの印象を何の疑問もなく抱いており、ローンの名義も夫になると確信しながら話しているのだ。実際には、妻の収入のほうが上回っているだけでなく、ローン名義は妻の単独だったり、妻が家計の主導権を完全に握っていたりする例があるにもかかわらず、だ。

内田さんの妻は、しばしば内田さんに対し、こう漏らす。「もう、こんなに稼がなくてもいいんじゃないかな」。これに対し、内田さんは仕事をセーブするよう勧めてみるものの、妻は何らペースを変えることなく働き続けており、結局は妻の一時的な愚痴で終わっているという。

女性がそんなに働かなくてもいいというか、女性が家事・育児を担うというのがレギュラーな状態だというのが、「常識」だと思っているのではないでしょうか。それなのに、どうして自分が、こんなに働かなければいけないのかって、思っているんでしょうね。

日本社会に横たわり続けており、内田さんが「常識」と指摘するジェンダー役割規範を巡る硬直性は、自分が働き続けなければいけないと思い込んでしまう男性だけを苦しめるのではない。「やはり働くのは男性なのだ」と女性にも思わせてしまう面があり、これが内田さんの妻の意識に影を落としていることが、この発言から浮き彫りになっている。

（夫より稼ぐのが）イレギュラーじゃなければ、「稼がなくてもいいんじゃないか」という発言自体、出てこないはずじゃないですか。でも、それが当たり前のように口から出てくるということ自体、やっぱり、まだ過渡期なんだなと感じますよね。

専業主婦が大半だった昭和時代は、「男たるもの、一家の大黒柱としてバリバリ外で働き、家事育児は妻に任せて、妻子を養う」という価値観が、ごく当たり前だった。平成を超え、令和に移り変わった今も、この価値観が働く女性をも縛っていることがうかがえる。

†男の甲斐性と稼得能力

配偶者の赴任地に転居した後、複数の駐夫が、仕事をしていない自らに直面し、男性として求められるとされる稼得能力を有していないことに鬱屈するとともに、キャリアが途切れたことに対する不安と葛藤が生じていたことは、先に紹介した。稼得能力は、しばしば「甲斐性」とセットで言及される。家族のためにバリバリ働き、家族をしっかり養うことのできる男性は稼得能力に優れ、経済力があるので、甲斐性があるという文脈だ。内田さんの口からも、稼得能力が絡む質問には、甲斐性という言葉が出てきた。

（男の）甲斐性という問題はありますよね。「妻にそんなに稼がせて、旦那は何してんだ」、みたいに見られているのかなと思ったこともあるんですけど、あまり、そういう風には見られないんですよね。そう見られたら、心外は心外ですけど笑。例えば、実家の母とかもそうですけど、そういう感覚じゃないんです。まあ、自分の稼ぎが一定水準を超えてるからというのも多分あると思いますけど。

妻の収入が上回っている自分の境遇に対し、第三者が注ぐ視線を意識したこともあるとはいうものの、自らの稼ぎも決して少なくないとの自負があり、下に見られるような感覚を否定してみせた内田さん。甲斐性や稼得能力を巡り、葛藤を隠しきれない内心も語る。

一五年ほど前の世の中だと、甲斐性がないっていうふうに言われるわけですよ。だって、ヒモみたいなもんじゃないですか。生活費だって、向こう（妻）がメインで負担してるわけですし。例えば、ウーバーイーツで注文する時も、向こうのお金で買ったりするわけです。子どものものも含めて（向こうのお金で買っているので）、ヒモみたいなもんですよね、っていうふうに思いますというか、思うときもありますよね。

男性パートナーに依存する女性に対し、ヒモという言葉が用いられることはないだろう。一部のSNSなどでは、女性版のヒモは、男性に貢ぐ女性という意味で使われているようだが、一般的ではないと考える。

自分も、家事・育児含めて、結構やっています。子どもの学校関係の準備や、緊急時対応・連絡などは全て私が担っています。男女が逆だったら（＝夫の収入のほうが妻より多かったら）、夫は妻に家事・育児を委ねるのではないでしょうか。それが全然普通なわけですよね。そうした気持ちが、せめぎ合っています。

では、男性こそが働いて稼ぐべきだという伝統的な価値観を持っているのだろうか。

そういうのは、全然ありません。でも、稼得能力に関しては、引っかかる時はあります。それは、やっぱり、妻との関係だと思うんですよね。あまりにも妻に依存する状態っていうのは、危険だと思いますし、格好悪いじゃないですか、シンプルに妻との関係で。世間体とかじゃないんです。

かつて自分のほうが先輩だったわけですし、所得も多かったわけですけど、今はむしろ、妻に食わせてもらっているみたいな状況になっているということに対する、ある種の引け目なんでしょうね。必然的にどうこうじゃないですし、自分の中でどうかというこでもないんです。単なる妻との関係で、そういうふうに感じるんです。

†妻への敬意

ウチの場合、関係性は大学時代からです。結婚のスタートラインの状況によって、全然違うと思うんです。スタートラインがそんな状況だったから、追い抜かれたと言いましたけど、妻が仕事などでうまくいった状況のなかで結婚したカップルとかは、全然違うと思うんです、そもそも。相手に求めるものも違ってくるでしょうし。

前述の通り、内田さん夫妻は、稼得能力やら甲斐性やらとは無縁だった大学生当時から先輩、後輩として交際していた。交際・結婚時点において、女性のほうが収入や地位などで上回っている夫婦であれば、最初から対等感はほぼ皆無に近いだろう。内田さん夫妻の関係は、このようないわゆる「格差婚」とはまったく異なっており、内田さんはその違いを指摘しているのだ。

内田さんは、いつの日か、形勢を逆転したいと考えていないのだろうか。尋ねてみると、「まあ、そういう質問になりますよね。でも、まあ、そうは思わないですね。妻はどう思っているか分からないですが。でも、やっぱり追い付いていきたいと思いますよね、経済的にも」という答えが返ってきた。

内田さんは、自らの社会的地位向上を再三強調する。

私の露出が高まっていることに、向こう（妻）も、モヤモヤがあると思いますよ。応援というよりも、結構、緊張関係があるんですよね。パートナーシップというか、夫婦ではなくて、パートナーシップに近くて、ライバルというか。一言で言うと、緊張関係があるんです。良い緊張関係なのか分かりませんけど、ライバル関係です。そして、このライバル関係は、ある種、いい循環をもたらす競争なんです。

インタビューで繰り返し触れた、妻から受ける経済的な恩恵。これとは異なる恩恵が、妻からもたらされているという。

良い焦りですよね。自分も頑張らなければいけないというか。うかうかしていると、しっかり努力しないと、置いていかれるというか。

とは言え、ガチガチの緊張関係ではなく、常にライバル視しているわけではない。長い付き合いから醸成された妻に対する思いは、すべてが敬意の上に立っているのだ。

家族に関しては、うまくいってる時ばかりではありません。大変な時期だってありましたし、乗り越えてきました。昔から知ってるだけあって、本当にすごいと思います。一人の社会人として、リスペクトしています。社会人以前から知っているので、親しみもあるというか。そんな気持ちは今でも強いですよね。

妻が内田さんを下に見るような発言や態度は一切ないという。「たまに「経営している人しか、この悩みは分からない」とかいう、上から目線な発言はしてきますけど」。屈託ない笑顔を見せた。

†同じ境遇の人同士しか、話が合わない

内田さんの話からは、内田さん自身も妻も収入を巡る夫婦間格差を受け入れており、双方とも、決定的な不満を抱いていないことが明らかになった。ところが、こうしたカップルは少数派に属するため、同じ境遇にいる人たちに遭遇するのは極めて稀だという。

研究職に従事している内田さんは職業柄、他業種の人々と交流する機会が多々ある。「夫婦の主従関係を収入面でいえば、共働きであっても、男性が主の場合が圧倒的に多い印象を受けます」と内田さん。「私が悩んでいるような話を、男性がオープンにできる場は多くないと思います。基本的には、男性が何か仕事を頑張ろう、という時には、女性側が仕事をセーブするという傾向がやはりありますよね」と述べ、〝男の沽券〟にかかわる話は共有しにくい心境を明かす。

内田さん夫妻には、家族ぐるみで仲良くしている家族がいる。同様に、妻の収入が圧倒的に上回っており、夫同士、妻同士、似た境遇を巡る話で大いに盛り上がるという。

その家庭も、同じような状況なんですよね、奥さんのほうが経済的に勝っています。やっぱ、そうじゃないと、話が合わないんですよね。妻も子どもも交えて、一緒に遊んだりもしますけど、妻は他の人だと、おそらく話が合わないんですよ。

とにかく、妻同士めちゃくちゃ話が合うらしいんです。自分の力でいろいろなモノを自由に買ったりできる状況にある人が、お互い周囲に少ないんでしょうね。夫同士も、まあ、複雑な思いみたいな話をすることもなくはありません。ま、向こうの夫もやっぱり同じなんですよね。でも、そうした話をしてみたところで、結局、お互い妻から恩恵があるというところに落ち着き、その種の話は終わります。

2　男の沽券はどうなるのか

†家庭内の夫婦役割

本節では、内田さん夫妻の家庭内での関係をみていこう。夫より妻の収入が多い場合、家事や子育ての役割分担はどうなるのだろうか。家族はどのように感じているのだろうか。

小学生と保育園児の二人の子どもを抱える内田家では、内田さんと妻の家事・育児分担比率は「妻のほうが若干多い」（内田さん）という。現在、妻も内田さんも多忙なため、お金で解決できる外部リソースをふんだんに活用し、ベビーシッターに加え、平日分の食事をつくってくれる家政婦を週一日雇っている。そのほか、学校関連のやり取りはすべて内田さんが担い、週末の食事は妻が全部つくっている。経営者で育休が取れない妻に代わり、内田さんは二人目の子どものとき、育休を取得した。

ウチには、性別役割意識みたいなものは、基本的にないですね。そもそも、性別役割分業がもう存在しないと思っています。何が起こってるかって言えば、子どもは「どっちがパパで、どっちがママなのか、よく分からない」って言うんですよね。子ども的には、どっちがどっちの役割なのか、分かっていないんですよ。男性はどっちが向いてて、女性はどっちが向いてるとかじゃないんです、ウチには。とりあえず、気付いたほうがやるという状況になっています。

家事も育児も夫婦が力を合わせている日々を「自分の子どもの頃と比べて、全然違いすぎますよ。私の父は、自分の下着がどこに置かれているか、分からなかったと思います。

かつては、そうでしたよね」と、父親が家庭内で絶対権力者だった昭和を振り返る。

で、今もそういう人が本当にいるんですよね。信じられなくて。最近、女性の友人から聞いた話ですが、これも「すごいな」と思ったんですけど、同世代の旦那さんがオムツを変えられない、ウンチを処理できないそうなんです。そんな男性が今も、しかも私と同世代にいるんだと驚きでした。家庭生活はどうやって成立しているんでしょうか。あり得ないですよね。

内田さんは続ける。

そういった意味で、妻と私は、ほとんど同じことができます。私ができないのは、母乳だけです。男性に母乳がないのが、本当に不満で。何というか決め手に欠けるんですよね。母乳がないことによって、新生児を寝かしつける際のコストがめちゃくちゃ高くなるんですよ。おっぱいがないため、育休中などは本当に苦労しました。ミルクにしないといけませんから。

†育休で変わった価値観

育児に自信をみせる内田さんの育休取得歴は、三カ月と長くない。二人目の子どもの育児に取り組んだとき、当初は半年の予定だったが、途中で切り上げて、保育園に入れた。予定を変更したのには、二つの理由があったことを明かす。

率直に言って、無理でした。もう、限界でした。メンタル的には、仕事のほうが楽でした。家にいてもキツかったので、とりあえず外出しようと、博物館に行ったりしてました。子どもが見るはずはありませんが、どうせ、時間を潰すだけの毎日でした。

二つめの理由は、駐夫たちと同様、キャリアの中断を恐れたことだった。

自分のキャリアが寸断されるということが、めちゃくちゃ怖かったです。仕事ができないことが怖かったですね。転職した会社で、仕事がせっかく軌道に乗りつつあったのに、寸断されることによって、誰かに追い越されるんじゃないかという気持ちがありました。キャリアがある女性が感じるのは、多分こういうことなんだろうと強く思いました。

働く女性が、産休・育休で職場を離れることで一時的なキャリア中断を余儀なくされることについて、心の底から理解した経験に基づき、内田さんは別の視点を得た。

ずるいですよね。育休を女性に取らせて、自分だけバリバリ働き続ける人って、ずるいと思う。そうじゃないですか。育児にかかわる社会的コストを、その女性がいる企業だけに負わせるわけですよね。その一方で、男性のキャリアばかりがうまくいくというのは、すごくずるいと思います。

夫婦が別の企業に勤めていると仮定し、妻だけが育休を取得する場合、人員減やポストの空白に見舞われ、しわよせを受けるのは妻側の企業だけになる。夫も育休を取得すれば、双方の企業が、内田さんの指摘する「社会的コスト」を公平に担うこととなる。妻だけがキャリアを中断する不均衡が是正されていない状況を、内田さんは「ずるい」と繰り返して強調したのだ。

前述したが、そもそも、自営業やフリーランス、個人事業主には育休を取得できる制度が存在しない。そのため、自営業である内田さんの妻は育休を取ることができなかった。

男性の育休取得率は少しずつ上がってます。それは、女性も男性も両方取るというケースだと思います。ウチの妻は自営なので、私だけが取得できる状況でした。周囲の男性は（なぜ、妻は取らず、私しか取らないのかについての）理解があまりありませんでした。逆に、そこのキツさを一番理解してくださったのは、やっぱり女性でしたね。「大変だと思うけど頑張って」みたいな感じです。メンタル的なキツさを理解してくださったのは、女性でしたね。

†「三歳児神話」を信じていた母の態度が急変

実家で暮らしていた当時、絶対権力者だった父を支える母を見て育った内田さん。内田さんの母は、生まれたばかりの子どもをすぐに保育園に預け、外で働き続ける内田さんの妻のことがまったく理解できず、批判的だった。

三歳児神話なんてものは、張りぼてに過ぎないんですよ。女性が社会進出していなかった時代だから、「ならば、家庭で活躍しなさい」という認識だっただけなんです。

女性が活躍するようになれば、そんな神話は一瞬で消し飛びます。

三歳児神話とは「三歳までは、常時家庭で母親が育てないと、その後の子どもの成長に悪影響を及ぼす」とされるもので、今も一部で根強く語られている。厚生白書（一九九八年版）は「三歳児神話には、少なくとも合理的な根拠は認められない」とした上で、その論拠として、母親の育児専念は歴史的に普遍ではなく、たいていの育児は父親（男性）でも可能であり、むしろ母親と子どもの過度な密着は弊害を生んでいることなどを挙げ、当時、注目を集めた。

専業主婦だった内田さんの母親は、内田さん夫妻に子どもが誕生してから「子どもは三歳までは、母親が専念して育てるべきだ」、「せめて小学校に入るまでの間、母親は仕事を辞めるべきだ」、「仕事を続けていると、子どもが一番可愛い頃を見逃すことになる。働くのが良いと思ってるのかもしれないけど、絶対に将来後悔する」などと書いた長文ＬＩＮＥを何度も送ってくるようになった。宛先は主に内田さんだが、時には妻に直接送付することもあった。

私たちの育児方針に対し、かなり苦々しく見てましたから。妻が働き続けて、生後三ヵ月で保育園に入れるなんて、あり得ないと思っていました。「何で、ウチの息子にそんなに家事や育児をやらせるのか。過剰な負担をかけないでほしい」という不満もあったのでしょう。

妻は、義母から直接不満を言われても、それほど気にすることなく仕事を続けた。そして、ここ三、四年で、母親の態度が急激に変わったという。すっかり、妻の仕事を評価するようになったのだ。「あなたの奥さんは立派で、子どもたちをしっかり育ててくれて、すくすく育っている」などと書かれたＬＩＮＥを送ってくるようになった。三歳児神話を信じていた母親が、なぜ、そこまで急激に変わったのか。

本当にしょうもない話なんですけど、妻の経済的もしくは社会的地位が上がり（メディアにも登場するようになったことで）、「あなたの息子さんの奥さん、すごいですね」などと周りから、すごく褒められるようになったわけですよ。それで、妻のことを承認せざるを得なくなったんです。驚くほど評価が変わっています。今や、妻の育児を大絶賛してますからね。僕たちのやり方は何も変わっていないのに、何でそこまで評価が変わるのか。「これって、本当に何なんだろう」とかって、考えちゃいますよね。見ていて、ちょっと気持ち悪いです。

ひょっとしたら、もう諦めたのかもしれませんけど。でも、結局その程度なんです。男女の性別役割において、三歳児神話なんて、その程度。でも、地方の女性の間では、まだまだ信じられてるんですよね。外で働く男性に対し、女性がどういう立場で支えるかということについての固定観念が残されているのです。男は仕事、女は家事・育児にそれぞれ専念すべきという考えであって、男性だけでなく、女性も男性性に囚われているんだと思います。

†仕事も自宅も、常在戦場

家父長制のもと、昭和の男の色彩が強い父と、専業主婦の母親のもとで育った内田さんは、高校生ぐらいまでは自分がバリバリ働き、妻は専業主婦で家庭を守る結婚をイメージしていた。それが、いつの日か社会人となることを意識するようになってから、自分の妻が働かないということを想像できなくなっていた。

我々の親世代のパートナーシップと、我々の世代のパートナーシップでは、劇的に変わっていると思います。率直に、結構関係が良い気がするんですよ。周りの同世代夫婦を見ても、そう思います。自分の小中学生時代を思い出すと、（親は）関係が良くなかった気がするんですよね。言い方は悪いかもですが、（今は）ラブラブなカップルが多いですから。

（女性は）大変ですよね。仕事のキャリアがまったくないという状況だと、男性側の意見に対して従わざるを得ないですよね。最後は、従属的になっちゃうわけですから。

経済力を持つ女性は、家庭内でも居場所があり、夫とは対等か対等に近い関係で接することが十分にできる。内田さんは、働く女性が増え、彼女たちが経済的な地位と自信を持っていることと、良好な夫婦関係との間に相関性があるとみているようだ。

よくあるじゃないですか。自宅に戻ったとき、ホッとする安心感とか。私は、あんまり感じないんですよ。リモートワークが増えたというのもあるかもしれませんが。外で戦ってきた企業戦士たちが家庭に戻り、子どもの顔を見ると和むみたいな感覚が全然分からないんですよね。私なんか、帰宅して子どもの顔を見ても「泣かないで穏やかに眠っててくれ」と思うだけですし。

ここまで話し終えた後、「まあ、常在戦場というか」と独りごちたのが、極めて印象的だった。

自分の倍以上の稼ぎで恩恵をもたらす良きパートナーである一方、ライバルと位置付ける妻との日々を「緊張関係」とも評した内田さんの本当の心中は、いかなるものなのか。

「想像もしなかったような関係になっています」と幾度となく繰り返した表情からは、結婚前に思い描いていた理想の夫婦関係と微妙にずれが生じているように見受けられる。大学の後輩である妻へのリスペクトを忘れることなく、良好な関係こそ構築し続けているものの、人知れぬ悩みを完全には解消できず、深い葛藤を抱えているようにも感じ取れる。

とはいえ、多少の口論はあっても、けんかになることはまずない。けんかしても、すかさず内田さんが折れるという。緊張感のあるライバル関係と良好なパートナーシップ関係を維持、両立しながら、お互いをリスペクトする姿勢を抱き続け、強固な結び付きのもと、夫婦いずれもが家事や育児に取り組みながら、仕事でも活躍する姿に、令和の新たなカップル像を見出す。

3 活躍する妻、自暴自棄な夫

†適応障害で離職、主夫へ

「もう、すべて投げ出したい。俺はもうダメだ。死にたい」

ある日の夜、夫の異変に気付いた妻は翌朝、病院の精神科に連れて行った。生気を失った夫に対し医師が下した診断は、深刻な適応障害だった。有無を言わさず、即緊急入院が決まり、まるで「独房」のような空間に押し込められ、三日間ほど強い薬を飲まされた。危険な状態がその後も続き、入院生活は約一カ月に及んだ。

退院後、妻をはじめ周囲と話し合った結果、「仕事をするのは当然無理だ」と判断し、ひっそりと議員秘書の仕事から離れた。選挙による民意の結果、市議に当選した妻を辞めさせるわけにはいかない。政治の現場を知る渡辺さん（五〇代前半）は、その選択肢は検討すらしなかった。妻のキャリアを優先する形で、渡辺さんが主夫になり、妻の政治活動を傍らで支える道を選んだ。

渡辺さんが、離職を余儀なくされ、家事育児を全面的に担う主夫になるきっかけとなった適応障害の発症は突然訪れた。「いきなり、パーンとはじけた感じ」（渡辺さん）と振り返るように、周りはまったく気付かなかった。

入院の前年、渡辺さんは初挑戦の選挙だった県議選で落選した。同じ年、市議二期目の当選を果たした妻は活躍を続け、連日忙しく走り回っていた。渡辺さんは、落選から数カ月後、参院議員秘書となったが、議員の要求に的確に応えられず、叱責や罵倒を繰り返された。人間同士、折り合いの悪さもあった。落選し、秘書の仕事がうまくいかないという負の流れが続いていたなかで、異変に見舞われるのは、時間の問題だったのかもしれない。

もう、抱えきれなくなったって言うのかな。忙しい妻に代わって、子どもたちをちゃんと見なきゃいけないのに、見られていない。仕事もやらなきゃいけないのに、求められていることに、レスポンスができていない苦しさもありました。子育ては、義母や義父に頼っていたんですが、そことの折り合いも悪かったんです。妻は仕事をすごく頑張っていました。一方の私は、何というか、自分にどんどん負荷をかけながら、一人で負担を感じていたのは事実ですね。

落選した渡辺さんが秘書に就任してから四カ月後、双子が誕生していた。当時、上の子どもは二歳。渡辺さんはその後、自宅で子どもの面倒をみる傍ら、当時はまだ珍しかったテレワークに移行した。自宅で文書を作成したり、指示を出したりする仕事に努める一方、永田町の議員事務所には週一回ほど出向いていた。

実の娘が政治活動にいそしむなか、仕事をしながら育児を続ける渡辺さんに、義父、義母からは「ちゃんと、できてるのか」と叱責が飛んでくる。

要は心配して言ってくれてたんですが、そういうことも次第に判断できなくなっていました。叱責にも耐えられなくなったんです。そんな自分が、とにかくふがいなかったですね。

あらゆることが積もり、一気に爆発した。

議員秘書兼主夫の兼業主夫から、妻を手伝いながらの主夫に転じた渡辺さんは以後、九年間、家事育児に専念し、政治家の妻を支え続けた。その間、何度も複雑な思いを抱くこととなる。

†稼げない自分が「ふがいない」

県議選に落選、適応障害が理由で秘書を辞め、家事育児に専念する生活が始まった。共働きではないため要件を満たせず、一歳未満の双子は保育園に預けられなかった。長女を延長保育がある幼稚園に通わせ、義両親の助けも得て何とか日々を過ごしていた。

妻とは、「できる範囲で、家のことをやってね」みたいな感じで始まったんですね。退院した直後で、仕事ができるような心持ちではありませんでした。だからといって、家事、育児がスムーズにできたかといえば、全然だめだったんですけど。

もう、モヤモヤどころじゃありませんでした。モヤモヤどころか、ふがいない自分に対する不満です。その状況が、ずっと続いていました。何とか、家事育児をやっとったという感じですかね。収入なしっちゅうのがね、僕の心の中で、何て言うんかな、うーん、ストレスにしかなってませんでしたね、明らかに。

渡辺さんが自らをふがいなく思う最たる理由は、父親として無収入に陥ったこと。完全に収入が絶たれた我が身に直面したとき、知ることのなかった深層心理が浮かび上がった。

落選して、いろいろな経緯で辞職して、自分で自分に、ダメ人間っていうレッテルを貼っていました。落選し、お金を稼げていない、情けない、そういう感情っすね。で、どんどん自分を責めていました。

その時思ったのが、意外と自分って、めちゃめちゃ家父長制思想だったんだなっていうことでした。外で稼げない自分がふがいなくって。自分は無収入で食わせてもらっている立場で、日々やっていることは、子どもの世話、台所での食事作り、家事。情けなく思いました。やけになりました、はい。

家父長制思想に染まっていた心中には、「女たるもの、洗濯も掃除も料理もパーフェクトにやるべきだし、それをやるのが女だ」という考え方がすっかり根付いていた。外で市議の仕事をこなす妻に対し、渡辺さんは家の中での家事・育児が生活の中心だ。男は外で稼ぎ、家族を養うものとする固定観念を持っていたという現実を突き付けられた。

妻はバリバリ、まさにバリバリ働いてました。議会やら視察やら、閉会中審査も頻繁にあり、家のことどころじゃなく忙殺されてました。活躍している妻を横目に、やっぱ悔しくなるわけです。自分も政治家を目指してただけに。で、「俺、何やってんだろう」という自責の念、むしゃくしゃ、自暴自棄ですね。とにかく、もう家族に当たりまくってた時期でした。子どものことで必死だったりもしましたし、家の中が殺伐とし始めたんです。

†妻からの手紙

「パパ、また、怒っているの？」
当時四歳の長女から突然言われたのは、主夫に転じて、一年ほど経ったころだった。

あまりにもムスッとした表情をして、食事をつくっている父親が、台所にいつもいるわけです。子どもたちからしてみれば、そりゃあ、嫌ですよね。

ほぼ同じ頃、妻から手紙を受け取った。渡辺さんが家庭で見せる態度に対し、「あなたが何を考えているのか分からないのが辛い。このままだと、安心して仕事に行けない」と、これまで抱えてきた辛い心情を切々と綴った内容だった。渡辺さんは、自分の態度が、子どもも妻も悲しませているのだと知り、がく然とした。そして、決意を新たにした。
「このままじゃ、ダメだ。俺が変わらなきゃいかん」と覚悟を決めた。

自分が変わらなきゃと思った瞬間、「もう自分はだめだ」みたいなことを考えるのをやめようと決めました。妻が伸び伸びと大活躍することが、もうハッピーなんじゃないかと。で、子どもたちが元気で明るく毎日を過ごしながら、一日一日を歩んでいければ、いいんじゃないかと。そういう風に、頭の中を切り替えられたんですね。それからは、自分がふがいないみたいな感情よりも、「頑張れ」、「いいね」、「ありがとう」みたいな、ポジティブ発想になれたんです。

†「〇〇ちゃんのパパ、何で働いてないの」

気持ちを切り替えてからの渡辺さんは「毎日がハッピーだった」と振り返る。

楽しくてしょうがなかったです。料理も研究してね。子どもたちの成長に良いものをつくろうと、「まごわやさしい」（健康維持に役立つ和食材の最初の文字を並べた呼び方）を揃えたりしてました。双子が小学校に入って、スポーツを始めるようになると、運動のエネルギーになる食事を考えたりもしました。日中は、妻の仕事を手伝うために事務所に行き、好きな政治にも携われましたし。あっという間の九年間でした。

ある時期から、空いている時間を活用して、妻の市議活動を裏方として支え始めた。妻が県議に当選した後は、より前面に出てサポートするようになり、政務調査費の会計作業や日程管理を担当する秘書業務を担った。地方議員には公費で人件費を負担する公設秘書制度がないため、妻からの支出で月三万円の収入を得た。収入がゼロの専業主夫ではなく、収入がある兼業主夫に転じ、ストレスを抱えることもなく、充実した日々を送っていた。

とは言え、昼夜とも妻を支え、子どもを育てるというライフスタイルをどう見られているのか、周囲の視線が気になることはなかったのだろうか。

具体的なエピソードが、二つ挙げられます。一つ目は、県議選に落選した後、久々に再会した高齢の男性支援者から、こんなことを言われました。「いつまで遊んでんだ」と。双子が生まれて、主夫になった時です。妻の仕事を手伝っていたので、ショックでしたね。「こっちは遊んでねえんだけど」っていう思いです。

もう一つは、長女が四歳か五歳の頃でした。延長保育がある幼稚園に入れていたんですが、その日は延長ができず、午後二時に迎えに行きました。長女は、いつもより帰りが早いこともあり、「パパ、友達とお庭で遊んでから帰りたい」と言うので、「いいよ」と応じて、園庭で遊ぶのを見ながら、遊び終わるのを待っていました。

平日の午後二時、園庭にいた男性は渡辺さんだけで、他は女性ばかり。話し相手もいないため、園庭の隅っこで、ずっと新聞を読んでいた。

変なおっさんみたいなシーンですよね。そこに、ある子が近づいてきて、「○○ちゃん（長女の名前）のパパは、何で仕事してないの」って一言。もう、グサリですね。子どもって、本当に残酷だと思いました。あのシーンは今でも目に焼き付いています。辛かったですね。恥ずかしいし、情けなかったです。

子どもははっきりと口にするので、自分がどう見られているかが分かってしまう。片や、迎えに来ていたママたちは、口にこそしないものの、何を考えているかは分からない。「仕事はどうしているのか、とか言われてるんじゃないか」と、視線が気になって仕方がなかった。

一方で、良き理解者にも恵まれた。

近くに住んでた二人のママさんには、ものすごく助けてもらいました。子ども同士が同じクラスで、とても仲が良かったので、何かと声をかけてくれたり、話しかけたりしてくれる。フランクなママさんに救われ、気持ちが楽になりました。仲間外れにされて、浮いているような感覚はなかったです。

渡辺さんは、彼女らに自分たちの夫婦役割を詳しく話したことはなかったため、夫が育児を全面的に担っていることを知らなかったはずだという。「ひょっとしたら、不思議に思われたり、興味深く思われていたりしたのかもしれませんが」と振り返った。迎えだけでなく、参観日に出向くのも渡辺さんの役割だった。

幼稚園の担任の先生は、私が来ているのを見ても、普通に接してくれました。奇妙がることなく、不思議がることもありませんでした。

幼稚園への迎えや行事の参加は女性がするものという、アンコンシャスバイアスに基づく思い込みとは無縁な先生に「本当に救われました」という。

†自分の姓を変える

この頃、渡辺さんの価値観を変える一つの出来事があった。

主夫に転じてから約二年が経過した頃、渡辺さんは妻の両親から養子縁組を考えてくれないかと打診された。渡辺さんは末っ子ということもあり、妻側の名字を残したいとの申し出だった。

ジェンダー平等と密接に絡み合う、選択的夫婦別姓制度の導入の是非を巡る論争が、ここ数年盛んに繰り広げられている。男女が婚姻関係を結ぶにあたり、民法七五〇条は夫婦同姓を定めており、戸籍法七四条一号は婚姻届に夫婦の性を記載するよう規定している。

賛成派は「名字が異なると同じ人と認識されず、キャリアが分断される」、「役所や金融機関などの名義変更手続きが煩雑だ」などと主張する一方、反対派は「家族制度が崩壊しかねない」、「子どもの名字はどっちにするのか」として、議論は平行線をたどったままだ。

最高裁は二〇二一年、女性管理職の割合が上昇していることや選択的夫婦別姓制度の導入に賛成が増えている事情を踏まえたとしても、民法七五〇条、戸籍法七四条一号の両規定は「合憲」との判断を下した。ただ、今後も政治をはじめとしたあらゆる場で議論が続けられ、司法判断に委ねられる場面が増えるだろう。

一年ほど考えさせていただく期間をもらったんですが、結論は出せませんでした。それこそ、モヤモヤしながら、一年もぐずぐず考えました。考えたっていうか、単に結論を出すことから逃げていました。

一年後、義両親から「そろそろ返事をもらえないだろうか」という言葉を、すごく感情的になって言われました。そこで決断したようなものです。いろいろな人に相談しました。結論的には、名字という形式にこだわることなく、実質的に家庭がハッピーだったらいいじゃないかと思うことができたので、名字を変えることにしました。

結婚から一〇年ほど経過してから、義両親が婿入りを提案したのはなぜなのだろうか。渡辺さんには、思い当たるふしがあるという。

私の父親は、コテコテの昔の考え方の人間です。双子が生まれて、義父、義母が手伝いにきてくれて、てんやわんやで疲れ果ててるなか、私の父親が「ウチの〇〇（妻の名前）が、お世話になっています」って電話口で言っちゃったんですよ。これが「ふざけるな」と義父の逆鱗に触れましてね。親父の年代にしてみれば、嫁いできたという女性という認識なので、そんな言葉が自然と出たんでしょうけど。そこから、婿養子の話が始まったと、僕は受け止めています。

渡辺さんは、選択的夫婦別姓について導入に前向きな姿勢を示す。自分の姓を変えるという経験が、新たな価値観をもたらしたのだ。

名字というものに対する、女性の気持ちが痛いほどよく分かりました。やっぱりね、屈辱感があったんですよ、自分の名字を変えるっていうことが。

名字を変えなければならないということは、アイデンティティーを失うなど、本人の気持ちだけの問題ではありません。そうではなくて、これをほぼ女性のみに強いているこの社会がおかしいと思います。

4 夫婦役割を柔軟にスイッチ

†優秀な妻との出会い

渡辺さんは高校生の時に政治家への道を志し、大学は政治学科へ進んだ。楽しい大学時代を過ごしているうちに、政治への思いは次第に薄れていく。地元へのUターン就職は考えず、首都圏に残るために、東京に本社がある企業ばかりを受け、メーカーに就職し、仕事に没頭した。

社会人になって、三年ほどが過ぎたある日のことだ。書店で、若手衆院議員が記した本を手に取り、一気に引き込まれた。政治家になりたいという思いが再燃してきた。勢いで、その議員の事務所に駆け込み、ひたすら自らの熱意を伝え、「政治家になるには、どうすればいいのか」と尋ねた。思いは伝わり、ボランティアとして、事務所の手伝いをすることが決まった。そのとき、渡辺さんに応対したのが、事務所の女性秘書。後に妻となる人だった。「政治家の事務所に、こんな若い女性がいて、対応するんだと思いましたね」。

その女性秘書は数年後、市議選に出馬し、初当選を果たした。当時、渡辺さんは既に会社を辞めて、議員事務所の秘書に就いており、後に夫婦となる二人は同僚として働いていた。

彼女（後の妻）の選挙を手伝っていくうちに、心から尊敬できるなと思いました。自分も政治家を目指していたので、かっこいいと感じました。憧れの眼差しでしたね。

当選直後、五歳年下の渡辺さんから交際を申し出て、数カ月でゴールインした。

妻のほうが優秀というのは、結婚前から大前提でした。同じ屋根の下で働いている時は、私は彼女の部下でした。とにかく、自分よりスーパー優秀な人と無事結婚できたんです。

†政治家の夢を妻に託す

渡辺さんは、県議選に落選してから、政治家になる夢をきっぱりと諦めていた。その理由を「僕には、もう無理だなぁと。性格的にも、自己顕示欲が著しく乏しいので」と明かす。その代わり、いずれは妻を参院議員にするという新たな人生目標を設定した。

その目標ができてから、一段と楽しくなりました。妻が国会議員になるということに、何の邪念もうらやましさもありませんでした。夢ができてから、とにかく楽しくなったんです。

でも、まあ、正直なところ、ちょっと、俺もラクをしたいと思ったのも事実です。妻は市議の仕事が本当に忙しかったので、まずは県議に転身させようと考えました。市と県の権限の関係上、市議よりは時間にいくらか余裕があり、今よりは大変じゃないだろうとみられた県議になってほしいっていう計算がありました。国政に向かって、一つのステップになるとの計算もありましたが。

自分の夢を捨て去り、その夢を妻に託す。背景には、あれだけ関心を寄せていた政治からもう離れて、別のことを始めたいという思いがあった。落選し適応障害の発症を経て、家事・育児に一心不乱に取り組む主夫業を五年以上も続けてきて、疲れも蓄積していた。

双子が小学校に入学して、以前ほど手がかからなくなり、いささか手持ち無沙汰になると、渡辺さんは「自分としても、もうそろそろ(主夫も)いいだろう」と思うようになった。渡辺さんの青写真通り、妻は県議への転身を図り、二期目を迎えていた。

自分が担っていた妻の事務所業務を誰かに任せて、普通に外で働きたいという思いが芽生え始めた。学童保育の保護者会会長や、PTAの「オヤジの会」の手伝い、地域自治会の役員などを務め、もはや秘書業務べったりという状況でもなくなっていたという。

渡辺さんは当時、パパ友たちと飲む度に、こうぼやいていたという。

「そろそろ、民間企業に就職しようかなと思うんだけど、俺って、通用するかな。昔、サラリーマンやってた時期があるとはいえ、潰しの効かない政治の世界での秘書仕事しかやってなかったから不安だ。どこか拾ってくれるかな」

ただ、特に就職活動をすることもなく、時間が過ぎていった。そして、サプライズが起きた。

†自分も議員に当選

ＮＨＫの当確（当選確実）が出て、頭の中が一瞬で切り替わりました。スイッチが入ったという感じでした。こんな私ですけど、とにかくお役に立ちたいと思いました。

結党したばかりの政党から、突然声をかけられ、衆院選の比例単独候補として出馬し、当選したのだ。名簿の最下位で、当選確率は五分五分だったが、何とか滑り込んだ。政党の代表は、渡辺さん夫妻がかつて秘書として支えた人物。まず、県議だった妻の了承を得て、外堀を埋めた後に、渡辺さんに半ば通告のような形で立候補を迫ったのだった。

当選して最初の二年間は、渡辺さんは選挙区を持たなかったため、週末に行われる地域のお祭りや行事などに顔を出す必要がなかった。一方、県議の妻は土日のイベントに小まめに参加していたため、渡辺さんは土日を中心に家事と育児を受け持った。逆に平日、とりわけ国会開会中は国会や議員会館（事務所）に赴く日々が続いた。そのため今度は、妻が主として家事・育児を受け持つようになった。

九年間にわたり、主夫を続けてきた渡辺さんと妻の間で、家庭におけるそれぞれの役割を柔軟に調整した結果、渡辺家には、兼業主夫と兼業主婦が同時に誕生したのだ。

男性のみならず、女性にもマッチョさが求められる永田町。男女問わず、外交や安全保障、財政や経済産業、農政などが花形で注目を浴びる一方、少子化や男女共同参画には及び腰な男性が珍しくない。「隠しようのない僕のキャリアに基づいた自分の価値観」（渡辺さん）として、在任四年間のうち、三年間は子ども・子育て政策に全力で取り組んだ。

衆院議員になってから、次第に忙しくなってきました。国会議員の仕事はものすごくやりがいがありましたが、未熟者でしたので私の能力が追い付かず、キツい日々の連続でした。当時、平日の家事は妻にお願いしていました。で、疲れたまま自宅に帰ると、洗濯物は畳まれていないわ、シンクに食器は溜まってるわで、結構イラっとくるんですよね。洗濯機の中に、洗濯物がそのまま残されていたこともありました。生乾きで、臭くなるじゃねえかみたいな感じです。僕が「いろいろやっといて」とすごく頼み込んだのに結局やっていない。私が帰宅しても、趣味に熱中している妻にキレたことがあります。そうした僕からの不満は多々あるんですけど、妻が僕の家事や育児に対して、不満を漏らしたことは一度もないですね。実にできた人だと思います。

主夫から衆院議員に転じた渡辺さんと、県議の妻。国会議員と地方議員という関係性でみると、夫婦の社会的地位が一気にひっくり返ったとも受け取れる。二人のあいだで、立場を巡る意識のずれが生じたり、実際に上下関係が逆転したりしたことはなかったのだろうか。

私は、どこまでも優秀な妻を尊敬していますので、そんなことはなかったですね。

渡辺さんは否定してみせた。

†女性がしわよせを受けている

渡辺さんが新卒で入社したメーカーに勤務していたとき、ある優秀な女性が結婚と同時に退社した。「僕の中で、女性が働き続ける厳しさを、初めてリアルに感じた瞬間でした。

ひたすら「もったいない、何なんだと。損失になるのに、なぜ会社は辞めさせるのか」と憤りました」。

その女性は、専業主婦になることを望んでいたという。ただ、渡辺さんはこう推察する。

結婚イコール家庭に入るという価値観に押し込められてたんでしょうね。

優秀な女性が仕事を辞める一方、結婚相手の男性は働き続ける。どうして、女性ばかりがキャリアを諦めざるを得ないのか。女性だけが、しわよせを受ける社会でいいのか。この時に抱いた感情や問題意識が渡辺さんの頭から消えることなく、残り続けている。だからこそ、「スーパー優秀な人」と評する妻の政治活動をサポートしながら、家事や育児をメインで担う主夫への転向を、最初はそれほど抵抗感なく受け入れられたのだろう。しかし、その後に稼得能力を喪失した自分に呆然となり、実のところ家父長制にとらわれていた己自身を見せつけられることとなった。激しい葛藤に苦悶した。

私も結局、自分自身を縛っていた「男子たるもの」という価値観を捨てようよ、ということなんですよね。男性だって、家事・育児が得意な人も、ひょっとしたらいるかもしれないし、そっちのほうで伸び伸びと生きられる人がいるかもしれない。女性だって、家の中でいろんな家事・育児をするよりも、バリバリ働きたいし、そこで能力を発揮できる人がいるはずです。そういう人は、世の中に数多く埋もれているかもしれない。

†男性がもっと楽になれる社会を

これまで当然視されていた性別による役割分担に束縛されない社会の実現に向け、何とかして従来的な価値観から女性を「解放」することができないだろうかと考えている。「女性活躍っていう言葉は、使いたくないですけど、とにかく、めちゃめちゃ頑張ってほしいと思っています」と力を込める。

渡辺さんが「解放」することができないだろうかと思う対象は、女性だけにとどまらない。

男性がもっと、楽に生きられるようにしたい、っていう気持ちがあります。

最初にそう感じたのは、二〇〇八年のリーマン・ショックの影響で派遣切りなどの動きが広がり、東京・日比谷公園につくられた年越し派遣村の映像を見た頃だった。

当時、中年男性の自殺者が急激に増えたときがあったと記憶しています。あのとき、私はまさに主夫だったので、「みんな、なんか楽になろうよ」っていうことを思ったのを覚えています。今も、そのことを強く思っています。

第一章で紹介したように、高度経済成長期には男性が唯一の稼ぎ手である一方、女性が家事・育児を引き受ける「夫婦役割1・0」が普及した。これは、高度経済成長に伴う社会構造の変化で、職住近接の自営業から、都市部で働く企業雇用者が中心となったことが原因で起きた。地価高騰で長距離通勤を余儀なくされる職住分離を招き、女性の労働が困難になったのだ。

ウチは自営業でしたが、父が洗濯や食器を洗ったりしてました。自営業は、会社員家庭よりも（家事の）作業分担はあったんです。それが、知らず知らずのうちに、「男子厨房に入るべからず」などという妙な価値観ができあがりました。高度経済成長期になってから、その価値観が男性も女性も縛り始めたんじゃないですかね。でも、これを言うと、団塊世代にはめちゃくちゃ、しばかれますが笑。

「高度経済成長の立役者は自分たちだ」という強烈な自負がある団塊世代に対し、団塊ジュニア世代の渡辺さんがほんの少し指摘するだけで、彼らの逆鱗に触れるのだという。

二期目の当選を果たせなかった渡辺さんは現在、再び兼業主夫に戻り、自らの構想通り、参院議員となった妻を支えながら、国政への返り咲きを目指す。子どもは大学生と高校生に成長し、朝食・弁当づくり、洗濯に掃除などを済ませてから、自分の政治活動が始まる。

政治の世界も、多くの女性が活躍するような風景になったらいいなと、心からそう思っています。多様性と公平感は、これからの日本社会にとって、とても重要な言葉になるでしょう。そういう社会に変えていかないと、この国は潰れてしまうのではないでしょうか。そのためには、法律も予算も制度も必要です。そこで、自分の経験を生かし、お役に立ちたい。究極の社会改革に取り組むことが、停滞した日本を変革するためのカギだと思います。

「究極の社会改革とは何か」と問うと、渡辺さんは力を込めて答えた。

結論的に申し上げれば、男も女も家事もするし、仕事もするっていう社会にしたいんです。どっちかがどっちかを担うんじゃなくて、みんながみんなで家事もするし、育児もするし、仕事もすると。それこそが究極の社会改革です。

†うかがい知れない葛藤

本書執筆にあたり、新たにインタビューした内田さん、渡辺さんの率直な語り口からは、いずれも、その時々の仕事を巡る状況や環境の変化に応じて、夫婦間で対話を重ねた上で、慣習的な性別役割である「男性は仕事、女性は仕事と家事・育児」にこだわらずに、柔軟に調整している実態が浮かび上がる。

会社員と経営者の内田さん夫婦には、そもそも性別役割意識がない。家事・育児などの家庭仕事について役割を明確に分担することなく、それぞれが横断的に取り組んでいる。どうしても対応できない領域には、ベビーシッターなどの外部リソースを取り込み、空白を埋めている。

渡辺さん夫婦は、各々が抱えている仕事の繁忙ぶりを天秤にかけ、弾力的に性別役割を交換してきた。安定している職業とは異なり、選挙で当選しない限り身分が保障されない政治家という特殊な性質を考えると、極めて理にかなった身のこなし方ではないか。「政治家の夫を妻が支える」という性別分業の構図が根強く残り、女性の進出が進まない政治の現場に身を置く渡辺さんの「男も女も、仕事と家事・育児」という主張は、妻と役割を分担してきた自らの体験を通じた上での発言であるだけに、強い説得力がある。

ただし、二人の男性の語りからは、男として複雑な思いを完全に消し去れていない実像も浮き彫りになっている。稼ぐ力で妻に凌駕された内田さん、一時は完全に稼ぐ力を失っていた渡辺さん、それぞれの胸に今も去来するものは、他人からはうかがい知れない葛藤なのではないか。

家父長制の考えを持つ父親を見て育ちながらも、妻との関係性をはじめとする自らを取り巻く現状に対し、強く抗うことなく自分を適応させている姿について、実のところ、彼ら自身が困惑しているのではないか。葛藤を乗り切れていないのではないか。そんな印象を抱く。

第六章

男性は何と戦うべきか

1 男が男であろうとするために

†男らしさの呪縛

本章では、第三、四章で取り上げた駐夫と、第五章で紹介した「妻が自分より稼いでいる男たち」を横断的に考察する。

双方の事例からは、彼らが、男らしさ、男性性に呪縛されている様子が浮き彫りになった。

強力に立ちはだかる男性性の壁を乗り越え、脱却するために、男性たちは何と戦っていくべきなのだろうか。本書に登場した、稼ぐ力を持って当然という男性としての意識を打破し、新たな自分に到達した男性たちの例から考えてみたい。

†稼得能力の喪失が男を追い詰める

「男は稼いでナンボ」

こうした価値観が、日本社会には根深く残っている。男の力の源泉は経済力であって、稼得能力の高さこそ、男の象徴だという見方だ。

一九八六年に放送され話題を呼んだテレビCMで、女性俳優が発した言葉を覚えている人も多いだろう。

「亭主元気で留守がいい」

夫は外で元気で稼いでほしい、私（妻）は夫がいない家で気楽にのんびりする――。その時々の世相を切り取って、分かりやすいメッセージを送るテレビCMが、男女雇用機会均等法が施行された一九八六年に伝えたのは、「男は仕事、女は家事・育児」という価値観だった。

主な稼ぎ手として働いていた自分から一転して、稼げない自分に直面した葛藤は、駐夫の多くが経験していた。病気が原因で退職した渡辺さんも駐夫たちと同様、稼得能力が失われた自分を直視することに苦しみ、情けなさや不甲斐なさを痛感した。家庭の仕事に没頭する自らの存在意義に疑問を抱いた原因として、自分が家父長制の考えに染まっていたという事実を突き付けられた。稼得能力は十分にあるものの、圧倒的に妻の収入のほうが多い内田さんは、妻に食べさせてもらっているという劣等意識が頭から離れることはないという。

駐夫の語りには、現地生活でスーパーなどに買い物に行った際、買いたいものを買うべきか、どうするか迷った末、値段や必要性の有無などを考え、陳列棚に戻したというくだりがあった。クレジットカードは自分名義であっても、引き落としは妻の給与口座であり、カード明細を見ればどこで何を買ったかが一目瞭然だ。それを恐れる以上に、自分ではなく妻が稼いだお金で、スーパーで売られている食料品などの生活必需品の購入ですら買うことを躊躇していた。別の男性は、帯同して来た身として、自分にもお金を使う権利はあると強く思いながらも、外に飲みに行くことや酒を購入することは極力控え、なるべくお金を使わないようにしていたという。稼ぐことができなくなった男性の苦悩がうかがえる。

私も、米国在住中に同様の経験がある。家族に必要なものを買う際にお金を使うことにはそれほど引け目を感じたことはなかったが、妻の誕生日プレゼントを購入する時は、妻の口座から引き落とされるクレジットカードを使うことに強い抵抗感があった。そのため、日本に残した私の銀行口座に紐付けられた日本のクレジットカードを使って買ったのだった。自分のプライドが拭いきれなかった記憶がある。

専業主婦が、日常の買い物や夫へのプレゼントを買うときに、駐夫が抱いたような複雑な思いに駆られることがあるのだろうか。夫が稼いだお金を自由に使うことに、何かしら負い目を感じるのだろうか。家事・育児を担う責任ある立場として、それらを日々こなしている対価として、誇りを持って家庭に必要なものを購入している人が多いのではないか。

駐夫は、現地生活においては、文字通り主夫として、食事をつくり、子どもの世話をし、寝かしつけに追われていた。給与には換算できない家事・育児を担当し、家庭への貢献度という点では、専業主婦の方々と何ら変わらないと考える。

それでも、「男の甲斐性」が邪魔をする。外で稼げなくなった事実が男を苦しめる。

ある駐夫は、妻と喧嘩したときに吐かれた言葉が、ずっと頭から離れない。家賃が会社から全額補助されることを念頭に言われた言葉だ。

「今こうやって（海外に）住めてるのは、私のおかげじゃん」。

†妻との立場は逆転するのか

何人かの駐夫は、同行して自分のキャリアが中断することによって、男としての自尊心を傷つけられ、妻との立場が逆転するのではないかという懸念を抱いていた。先に触れた稼得能力の喪失と異なり、そもそも妻の海外赴任、異動に同行するという行為自体が、言わば「妻の付属物」に成り下がることを意味するというわけだ。男の沽券、男子のプライドといった類の話だ。

ある駐夫が現地で再会した大学時代の友人たちは、一流企業の駐在員としてバリバリ働いていたり、ロースクールや大学院に留学しており、妻を帯同させていた。片や、自分は現地の日系企業に就職し働いているとはいえ、企業規模や現地採用社員という身分を考えると、劣等意識を感じざるを得ない。加えて、妻に付いてきた身で妻に扶養されているという立場に成り下がった現実を、華々しくキャリアを積み上げている友人たちとの会合で改めて突き付けられることとなった。彼らから「何やってるの?」みたいな視線や雰囲気を感じ取り、いたたまれない気持ちにすらなったとも明かしてくれた。

大学時代から交際していた後輩とそのまま結婚した内田さんは、結婚後も先輩、後輩というつまでも変わらない関係性を意識していた。ところが、年収で妻に抜かれ、妻が社会的な脚光を浴びることによって、先輩後輩の上限関係が徐々に揺らぎ初め、いずれ崩れていくのではないかという強迫観念に駆られ、ただただ焦燥感を強めていた。自分のほうが学年も収入も上回っていたために抱いていた妻との「主従関係」がひっくり返ることを恐れていたのだ。

県議選に落選し、政治家になる夢をきっぱり諦めた渡辺さん。妻が市議から県議に転身した二期目の最中、いきなり衆院選に当選した。渡辺さんは結婚前から妻を尊敬しており、妻を参院議員に押し上げようとしていたが、政治家経験がない自分のほうが先に国政に進出することになった。外的に見れば、県議の妻より、衆院議員の渡辺さんのほうが格上だ。

だが、夫婦の間で険悪な雰囲気になったり、渡辺さんが上から目線に転じたりしたようなことはなかったという。

妻との関係性が変化するのを危惧することがなかった数人の駐夫は、妻から駐在が決まりそうな話を打ち明けられると、同行をほぼ即決していた。彼らは、自分の実力や仕事環境では海外赴任は実現しなかったとした上で、海外に住むきっかけをつくってくれた妻への感謝を口にしていた。これとは別に、夫婦いずれも駐在や留学を希望し、先に決まったほうに、もう片方が同行することを決めていた二人の駐夫がいる。彼らが口を揃えたのは「妻のほうが圧倒的に優秀だった」、「妻のほうが私よりも、出世が早い」だった。

†マッチョな自分を演じる

男が男であろうとするためには、精神面における男性らしさを意味する男性性が重要な役割を果たす。男の存在意義とは何なのか。そもそも、夫婦の間に上下はあるのか。主や従はあるのか。社会の縮図である夫婦間においても、男性が優位である必要はあるのだろうか。あるいは、女性が優位に立つこともあるのだろうか。

駐夫と妻のほうが自分より稼いでいる男たちの事例から、考えるべき視点は少なくない。世の男性は、男性性という強力な呪縛にあまりにも囚われているがゆえに、どこかで無理が生じているのではないか。妻との関係性において、自然体で相対するわけではなく、マッチョな自分を何とかして演じようとするばかりに、長時間労働然り、自らを苦しめる要因を否応なく受け入れざるを得ない。まさに自縄自縛に陥っていないだろうか。

2 駐夫が体現する新たな男性像

†駐夫のキャリア中断は有益

前節では「男が男であろうとするために」、日本男性が苦しんでいる様子が鮮明になった。今回取り組んだ駐夫を巡る研究からは、そうした苦悩を自ら打ち破り、脱しきることができた、新たな男性像の姿が顕在化する兆しが見えてくる。

日本的雇用慣行は、男性のキャリア中断を容認する姿勢に欠けていると述べてきた。長年にわたり広く共有されてきたこの価値観に基づけば、海外において夫が妻の扶養下に置かれ、日本におけるキャリアが一度途絶え、帰国した後のキャリアを再構築するとき、駐夫は極めて不利な状況に置かれるという見方が支配的だろう。私もそのように見立てていた。

ところが、駐夫経験者の発言を分析すると、海外赴任への帯同によって引き起こされたキャリア中断は、駐夫にとって有益であったことが明らかになった。

調査対象者一〇人は、新たなスキルの獲得や既存スキルの洗練に努め、異国ならではの経験を積み重ねたことによって、帰国後のキャリア形成に向け、意識が前向きに転じていた。その結果、彼らは帰国後の再就職は厳しいという見方を覆した。中には、給与や労働環境などの待遇面で、渡航前よりも良い条件を得た人もいた。

帰国後の就職活動では、企業側がキャリアを中断した駐夫に対して、理解を示していた事実も浮き彫りになった。面接時、企業からは「妻の海外赴任同行という然るべき理由による中断なら、中断もやむを得ない」、「中断していた期間はそれほど考慮しない」、「現地で働いていたのなら、そもそもキャリア中断に該当しない」などと肯定的に言われていた。それぞれは自らの強みを存分に発揮し、面接時には駐夫経験を隠すことなく、効果的に伝えていた。第二章で取り上げた駐妻が、駐妻であったことを知られまいとしていた様子とは違いが鮮明になっている。

駐夫全員に共通していたのは、葛藤を経て、自らのキャリアにおける変化を、人によって時間差はあったが受け入れたことだ。キャリアの中断を「キャリアブランク」ではなく、「キャリアブレイク」として捉え直したことによって、自己肯定意識が高まった。そうした前向きで積極的な気持ちが、海外で何かしらのスキルアップに取り組むにあたり、強力な促進剤となっていた。その結果、自身が成長しているという実感を抱くことになっていた。決してキャリアブランクではなく、極めて有効なキャリアブレイクになっていたのである。

†ジェンダー差別はないのか？

駐夫を一つの例として、男性のキャリア中断の実態を浮き彫りにし、キャリアの中断は必ずしもマイナスにはならないことが分かった意義は少なくないと考える。一方、駐妻のキャリア中断との比較のなかで、課題も見えてきた。

日本社会において駐夫は極めて稀な存在であって、社会的な評価がまだまだ定まっていない過渡期であると言える。その点、数の上では駐夫を圧倒し、既に知られた存在である駐妻は、友人ネットワークの広がりやキャリア形成に関する情報収集においても、駐夫よりも一定の利があると言える。その駐妻でさえ再就職は困難であるため、駐夫も同様に苦労するというのが、私の見立てだった。

第二章2項でみたように、キャリアを中断した駐妻の意識変容を巡っては、高丸理香の調査がある。駐妻たちは、キャリアから降りたと認識しながらも、帯同経験をポジティブに捉えようとして現地就労に取り組み、その経験を通じて何かしらのスキルを得ていた。しかし、帰国後に就職した企業からはそのスキルは歓迎されず、帯同経験自体をなかったことにしていた（高丸二〇一七）。つまり、同行経験と帰国後のキャリア形成を完全に切り離し、自らの手で別物としていたのだ。実際に、駐妻の就労率は四割前後にすぎないことがわかっている。

駐妻の帰国後有職率が低い理由として、妊娠やその準備のほか、家事・育児をメインで担うことになり、ただちに就職するのが難しい人が一定数いるという推察も成り立つだろう。だとしても、現実に女性が再就職で苦労するという問題を解消するには至っておらず、男性優位が指摘される日本的雇用慣行が抱える問題点が示唆されるのではないか。

先行研究を前提とした今回の分析だけで判断するのはあまりにも早計だが、仮にキャリア中断を巡る企業側の認識において、男女間で差別が存在するとすれば、問題をはらんでいるという点は指摘しておきたい。企業側が男女、つまり駐夫と駐妻をジェンダー差別している可能性が「絶対にない」とは言い切れない。帰国後の駐妻が、同行経験を隠さざるを得ない理由との関連も指摘できるのではないだろうか。

†帯同経験の自己評価に違い

日本で積み上げたキャリアを中断し、配偶者の海外赴任に帯同したという同じ経験をしたにもかかわらず、自己評価を巡っても、男女間で違いがあった。

駐夫は、まず同行を決断するにあたり、同行しない選択肢も視野に入れることができた上で、最後は主体的に決められた。周囲から反対意見が寄せられていたことからもわかるように、同行が当然視される駐妻とは根本的に状況が異なっているのだ。このため、帰国後のキャリア構築では、現地で体得したスキルや経験を十二分にアピールし、自己認識を明確化させていた。それによって、各々は間断なく次のキャリアに移行していた。同行決断時、現地滞在中、帰国後キャリア形成の各段階・期間において、駐妻を取り巻く状況と対照的な様子が浮き彫りになった。

また、駐在員の配偶者としての役割もジェンダーにより異なると考えられる。

文化も慣習も異なる現地生活では、日本でのキャリアは脇に置き、夫の会社関係で開かれるパーティーへの出席など、あくまでもサポート役を務めるよう周囲から求められ、日本固有の性別役割を担うことを余儀なくされる。狭い日本人社会の人間関係によるストレスや煩わしさもあり、駐妻は有形無形の圧力を受けていることも明らかになっている。

日本的雇用慣行が持つ男性優位性を考えると、周囲が駐夫に対して、駐妻と同レベルのサポート役やパーティーでの務めを要求するというのは、現実的には考えにくいだろう。配偶者としてのキャリア中断期間で、女性は仕事から離れた「妻」としての役割を担わざるを得ない場面が少なくない。一方、男性は仕事から離れた「父」としての役割こそ求められるものの、「夫」としての役割を求められるような場面についての語りは、インタビューからは確認できなかった。

これらは、現地生活において、駐夫は駐妻よりも外部環境が要求する性別役割に束縛されることが少ないことを示している。駐妻の数が圧倒的ななかで、良くも悪くも珍しい存在として遊離しているために、駐夫は駐妻が抱えがちな対人関係のストレスから一定程度解放されている。そうした精神的な余裕が生じることによって、帯同経験を肯定的に捉えることとなり、帰国後のキャリア構築にあたっても、積極的かつ前向きな自己評価に寄与していると考えられる。

インタビューを受けた一〇人の中には、帯同者として妻よりも下に見られることへの抵抗感から渡航前に葛藤を重ねた人、現地生活で経済力を巡る妻との関係性に悩んだ人もいた。彼らも含め、一〇人は一様に、新たな経験を積むきっかけを与えてくれたとして妻への謝意を示した。また、日本的雇用慣行から一時的に離れ、家族と濃厚な時間を過ごせたことで、同行したことを一切後悔しないどころか、プラスとして解釈していた。
調査では、駐夫に焦点を当てた結果、逆に、駐妻が抱えざるを得ない問題点が明らかになった。滞在地において、自らのキャリアよりも配偶者のキャリアを優先せざるを得ない状況は、男性よりも女性に重くのしかかっているという現実が垣間見える。

†能動的な決断ゆえの自己責任

インタビューに応じた男性たちは、配偶者の海外赴任に同行するか否かという選択を迫られた。葛藤を重ねたものの、積極的かつ能動的に同行を決断していた。最終的には自らが下した決断であるがゆえに、周囲の反対意見や奇異の目にさらされながらも、その決断の裏には、自らが全てを負うべきという強い自己責任意識が存在していたことが明らかになった。

強制力が伴う自分自身（駐夫）の転勤と比べると、妻の海外赴任を受け、駐夫が決断を下す際には、強制力は存在しない。それがゆえに、自らの判断に基づく自己責任意識が伴っているとの見方ができないだろうか。

第二章2項では国内の主夫の意識をみたが、そこでは「家庭を選ぶ」という決断は受動的なものだったので、自己肯定感が低いことが明らかになっていた。

ここから考えると、駐夫たちは、葛藤の末とはいえ、最後は積極的、能動的に決めたために、「意に反して付いていくはめになった」、「キャリアを中断、台無しにさせられた」という被害者意識を、自分の力で結果的に淘汰したと言えるのではないか。それが、帰国後のキャリア形成についても「自ら切り拓いていく」、「自ら切り拓いていかざるを得ない」という、いわば不退転の覚悟をもたらしたとも指摘できる。

一方で、こうした自己責任の意識は、現地で見舞われた葛藤の原因にもなっていた。葛藤した末に渡航を決断した人は、仕事に就いていない現実に直面し、激しく思い悩む。働いていた日々から一転し、これまで経験がなかった家庭に重きを置く生活を余儀なくされ、「男は働くべき」という男性性の規範からかけ離れてしまったためだ。こうした状況を招いたのは、まさに自分の責任で行った決断なのだとして、自らを追い詰めてしまい、新たな葛藤に苦しむことになったと判断できるのではないだろうか。

†新たな男性像を体現

それでも駐夫たちは、日本社会に長らく根付き、今も多くの男性が束縛されている日本的雇用慣行の呪縛から自らを解き放ち、葛藤の末に直面した喪失感を乗り越えていた。内面化した男性性の規範から生じるさまざまな喪失感にさいなまれた後、日本的雇用慣行とは大きく異なる価値観や考え方に現地で触れ、大きな刺激を受けたことがきっかけで、考え方を転換し、葛藤を乗り越えたのだ。彼らは、これまで指摘されてこなかった、新たな男性像を体現しているのではないか。

男性優位が慣行化した日本的雇用下では、稼得能力の有無が男性を追い詰める。出世競争から逸脱した結果、稼ぎ手役割を担えない男性は「男から降りた者」と位置付けられ、自信を喪失する。そうして、大半の男性は日本的雇用慣行の名の下に、各人の前に敷かれたレールに乗った生き方、レールに従った働き方を追い求めざるを得なくなった。一方で、能動的にその路線から離れていった人たちの実態は、これまで把握されていなかった。

駐夫も、配偶者の海外赴任という妻とはいえ他人の事情で、キャリア選択の岐路に立たされた。いわば、受動的に決断を求められる状況に立たされたが、その後、主体的かつ意図的に新たな人生設計に足を踏み入れた。

彼らは、稼得能力の喪失は暫定的なものであり、海外滞在経験を必ず帰国後に生かすという決意を抱いていた。常日頃から、夫婦間で双方のキャリア形成や働き方について相談を重ねており、妻のキャリアを尊重し、優先する決断をした。日本とは大きく異なる働き方やキャリア形成に対する考え方に現地で触れ、男性キャリアの中断は海外では決して珍しいことではないと認識した。働き方を巡る価値観を変革させ、日本的雇用慣行から自らを解放させた。

男から降りたり、キャリアや自信を喪失したりといった負のイメージで受け止められがちな行動に、リスクを踏まえながらも敢えて主体的に踏み切った結果、駐夫は「葛藤の突破」に至った。独特の雇用慣行が一般的な常識として、あるいは普遍的な定説として跋扈する日本国内にとどまっていたら、海外の雇用慣行に触れる機会は得られなかったことだろう。悩んだ末、稀な人生の決断を下した結果、その機会に巡り会えたとも言える。

今後の男性キャリアを見据えていく上で、日本的雇用慣行の呪縛を乗り越えた男性像を今回発見できたことは、長時間労働や男性優位などに代表される雇用慣行の是正に向け、議論の強力な足がかりになると期待したい。

†妻のキャリアを尊重できるか

今回インタビューに応じた一〇人の駐夫は、双方のキャリア構築について、日頃から妻とよく話し合っていた。共働き家庭として、子育てを含めた将来設計像を夫婦間で共有していたため、妻の駐在が決まりそうになったときや実際に決まったときにも、お互いの考え方や希望について、あらためて話し合い、結論を出していく「即応体制」が取れていた。

内田さん、渡辺さん夫婦も、家事・育児の分担などについて、時には衝突を招きながらも対話を重ねていた。

それぞれの事例から明らかになったのは、妻のキャリアを優先することをいとわない姿勢だろう。そして、妻に対し、嫉妬を抱くのではなく、心から応援する気持ち、時にはリスペクトする姿勢を抱いているということだ。内田さんは、良い緊張感があると表現した。

駐夫の中には、子育てや転居を伴う異動などで共働きが難しくなったときには、自分がキャリアを一時的にセーブし、仕事を辞めることを念頭に夫婦間で話し合っていた人がいた。夫婦いずれも海外勤務を希望しており、先に決まったほうに相手の配偶者が付いていくことまで決めていた人たちもいた。渡辺さんは、政治家になるという自分の夢を完全にあきらめ、妻に託した。病気を理由に議員秘書の仕事を辞めるか否かの決断の際、選挙で負託を受けて市議に当選した妻を辞職させるのは、有権者に対する背信行為にもつながるとして、妻のキャリアを優先し、主夫になることを選んだ。内田さんは、経営者であるために育休が取れない妻に変わって、育休を取得していた。

夫婦間でキャリア設計などに関する話し合いを常に続けていれば、自ずと相手の考え方や立場を理解し、尊重しようとする思いが育まれることだろう。片方が抱いていた希望が叶いそうで、チャンスをつかみかけたとき、どうするか。全力で応援するか、あるいは嫉妬の感情が出てきて、妨害するのか。ある駐夫は、夢の留学が決まりそうになった妻が日頃から頑張っていた姿をよく見ており「僕が仕事を続けたいという理由で、妻がせっかく得た権利を捨てさせるのは、ちょっと懐が狭いかな」と、妻への同行を決断していた。

一方で、妻の海外赴任の話が数年おきに持ち上がった際、同行することを二回拒み、三回目でようやく決断した駐夫もいた。一回目は子どもの生後間もないのが理由で、二回目は自分のキャリアを中断させる踏ん切りがつかなかったためだ。決して妻を妬むような気持ちがあったわけではなく、そうした現実的な問題が横たわったという。三回目の赴任話を妻から打ち明けられたときは、「今回も断ったら、仕事を辞めると言うんじゃないか」と考え、妻のキャリアを断絶させるよりも、自らがキャリアを中断したほうが得策だと判断していた。

育休取得に踏み切った内田さんは、経験してみて初めて、女性のキャリアが尊重されていない現実を知った。育休によるキャリア中断は女性に集中しており、男性の育休によるキャリア中断はいまだに一般的とは言えないだろう。女性の中には、出産や育児に専念するために退職する人も少なくない。一度退職すると、正社員としての復帰が難しくなるのは駐妻の事例で明らかになっている。このように、育児にかかわる社会的コストを女性側だけが背負うのを「ずるい」と指摘した内田さんにとって、育休取得が、家事・育児を巡る責任が著しく女性に偏っている日本的雇用慣行の不条理さを知るきっかけとなった。

3 偏見、世代間ギャップとの闘い

†孤立する男性

再三にわたって言及してきた男性性の呪縛から、いかにすれば自らを解き放つことができるのだろうか。どのようなハードルを踏み越えていく必要があるのだろうか。

事例に登場した渡辺さんは、主夫に転向してから、周囲に同様の境遇に置かれた男性がいなかったため、誰にも悩みや苦しみを吐き出すことができなかった。ふがいない自分にイライラを募らせ、外で華々しく活躍する妻に八つ当たりを始め、家族の前では仏頂面を貫いた。孤立感ばかりが深まり、全てが投げやりになっていた。そんなとき、半ばSOSを求める内容の妻からの手紙を受け取り、反省し、ポジティブな姿勢に転じるようになった。

同じ境遇にいるように見えて、同じような思いを抱えているような男性が近くにいたとして、男性同士が自分の悩みを打ち明け、突っ込んだ話をする。そんなことを容易にできる男性がいたとしても、まだまだ少数派なのが現実ではないだろうか。仮に、親友同士であったとしても、自己開示して話すのは難しいのではないか。

妻のほうが年収で上回る内田さんは、同じ状況の夫婦と定期的に交流し、子どもも交えて家族ぐるみで懇意にしている。妻同士はとても波長が合い、双方の思いや考え方、キャリア観などで話の花を咲かせる。一方の夫同士はと言えば、普通に会話こそするものの、お互いが抱えている複雑な思いをさらけ出すような場面はあまりないという。まして、稼得能力を示す経済力で妻に劣っている実情は、男性性にかかわる話と位置付け、話すのをためらうという。

男性が抱えるモヤモヤは、言語化するのが難しく、自分でも捉えようがないものが大半だと思う。そして、そのモヤモヤを他人に吐き出す機会がほとんどない。それがゆえに、モヤモヤは「消化」されないどころか、一段と深いモヤモヤに「昇華」してしまう。

こうしたことを踏まえ、今回の調査や執筆にあたっては、話を聞いた男性全員に対し、インタビューの冒頭で「話すのが辛くなったり、ストレスを感じるようになったら、いつでも中断する」との旨を伝えた。

†駐夫の連帯

駐夫の中にも、生後間もない我が子と一日中家にいて、誰とも会話をしない時間が増え、孤独感を募らせた男性がいた。別の人は、バスで通学する子どもの送り迎えのとき、自宅アパート前で会うのは母親ばかりで話がかみ合わず、孤立していたと振り返った。国外でそうした状況に置かれると、日本とは、またステージが異なる孤立を味わったことだろう。

保育園に子どもを迎えに行った時や運動会などの行事の際、ママ友同士の女性たちはそれぞれ話に夢中なのに対し、少数のパパたちはお互いの存在が気になりつつも、何となく話しかけにくい、話しかけるにしても何から話せばいいか分からない、ということを経験した男性は少なくないだろう。渡米前の私もそうだった。仕事関係の人脈ばかりが中心となっており、話題も仕事関係以外、思い付かなかった。まさか、一言目から「何の仕事してるんですか」と聞けるはずもなく、「お子さん可愛いですね」などの言葉は当時、頭の片隅にもなかった。仕事をしている男性が、保育園や幼稚園などのイベントで他の男性と会ったとしても、会話の糸口すらつかめない当時の状況は、昨今は多少なりとも変わっているのだろうか。

二〇一八年に駐夫グループを立ち上げたのは、そんな私なりの反省からだった。世界各地に帯同した男性は、現地では外国人というマイノリティーに属し、その中でも家事・育児をメインで担う主夫は駐在員社会では少数派で、二重の意味でマイノリティーだ。異国で精神的孤立に陥ると、妻や子どもにも悪影響を与えかねない。同じ境遇に置かれた日本人男性が、自分以外にも世界各地で奮闘しているということを知るだけでも励みになるに違いない、との強い思いがあった。今では、妻にも言えない、日本の友人・知人にも言えない、仮に言っても理解されないような苦悩を打ち明け合い、時には率直に弱みも見せながら、それぞれが自分事として捉え、考え、話し合えるグループになっている。

†親世代の反応

高度経済成長時代を支えてきたことを自負する世代である親たちは、今の時代に稀少な決断を下した男性たち、夫婦たちの前に立ちはだかったのか。それとも、理解を示していたのか。

いずれも地方出身の内田さんと渡辺さんには、実の親から投げ掛けられる言葉や、言葉の端々に見え隠れする懐疑的な姿勢が重くのしかかっていた。旧来の価値観から自らを解き放ち、新たな価値観に基づく新時代の生活スタイルを築き上げた二人にとって、自分たちの価値観を絶対視し、正統性を固く信じ込む親たちの存在は、有形無形のプレッシャーになっていた。

渡辺さんの事例からは、故郷で暮らす父親から家父長制意識を受け継いだ様子がうかがえる。父親が渡辺さんの妻の両親に対して発した「ウチの〇〇（妻の名前）が、お世話になっています」との一言は、妻の父の激しい怒りを招いた。「コテコテの昔の考え方の父」（渡辺さん）から生まれた渡辺さんには、「女は洗濯や掃除、料理などの家事も育児も完璧にこなすべきだ」という考え方が知らず知らずのうちにすり込まれていたという。義両親からは、主夫に転じた渡辺さんに対し、父親による子育ての影響を心配する声が、時には叱責混じりに寄せられていた。

内田さんには、三歳児神話に縛られた実母から、共働きのため生後三カ月の子どもを保育園に預けることによる悪影響を懸念する意見が、何度もＬＩＮＥで届いた。実母は、息子への愛情も相まって、内田さんよりも長時間働く内田さんの妻に対しても「仕事を控え、育児に勤しむ」よう求めるＬＩＮＥを幾度となく送っていた。

これらに対し、義理も含めた親から反対されたり、難色を示されたりしたと話した駐夫は一人もいなかった。彼らは、相談や報告した際の親の反応として「ニューヨークだったら楽しいだろうし、良い選択かもね」、「良い機会だから行ってくれば」、「私が資格を持っており、休職を伝えても心配しなかった」などと語り、むしろ後押しされ、元気づけられたという。

たとえ、配偶者である妻の転勤という形であっても、海外で生活するというかけがえのない経験は、夫だけでなく、孫にあたる子どもたちのためにも、語学力の向上や視野を広げるという点で、相当な意義をもたらすと考えていたのだろうか。

†異界から得た刺激が起爆剤

男性性の呪縛という殻を打ち破って、新たな自分を見出し、変化した自分を受容した事例には、どのようなものがあるのだろう。今後の展望を見出す上で、これまでに登場した男性のうち、数人の行動を紹介したい。

三〇代半ばから四〇代半ばの九年間、主夫として過ごした渡辺さんは、それまでどっぷりつかっていた政治とは違う世界を知り、人間としての幅、度量が広がったという。学童保育の保護者会会長や、地域自治会の役員を担い、PTAの「オヤジの会」ではパパ友との交流を深めた。誰にも悩みを打ち明けられず、家庭でも孤立していた頃と比べると、すっかり快活になり、再就職に向けての不安を相談し、弱みを見せられるような友人が数多くできた。

インタビューした駐夫一〇人中、八人は初めての海外暮らしで、他の二人は幼少期・学童期、あるいは学生時代に海外に住んでいたことがあった。社会人以後で見れば、一〇人全員が初の国外居住となった。日本独特の雇用慣行下で働いてきた彼らにとって、一社会人の生活者としてまだ見ぬ異国文化はどのように映ったのだろう。どの程度のカルチャーショックに見舞われたのだろうか。

柴田さんは、米国では授業や討論で何も意見を言わないとバカにされ、人として認識すらされないことに衝撃を受けた。語学学校で、クラスメイトの発言に相づちを打ち、ジョークの意味が分からなくても、周りに同調して笑っていた。日本でしてきたことがまるで通用せず、完全に否定されたため、授業に出席する姿勢を根本的に改めた。

英国に向かった高橋さんは、現地で知り合った人が、職場に隠すことなく堂々と転職活動をしており、雇用の流動化が常態化している実情を知った。オーストラリアで暮らした大野さんは、公務員を辞めて大学院に入学した人と出会い、男性のキャリア中断の実情を垣間見た。

米・ニューヨークで日本人が集まる異業種交流会に参加した佐藤さんは「今の勤務先が何社目か、よく分からなくなっています」、「キャリアアップしたくて、こちらに来ました」などと話す人たちがあまりにも多いのに刺激を受けた。休職していた会社には、中途で入ってくる人は基本的におらず、周囲は終身雇用に頼り安定志向の人ばかりだった。渡米前は、帰国後は元の職場に復帰するプランを描いていたが、転職が現実味を帯びた。一度は復職したものの、休職中の経験が評価されないもどかしさを感じ、数カ月後に転職した。

妻に同行するために、仕事を辞めることを周囲に伝えたとき、否定的な反応にショックを受けた藤原さんは、米国では一転して「すごい決断をしたね」と、多くの人から評価されたという。まったく逆に受け止められたことに戸惑いながらも、落ち込んでいた気持ちから前向きに転じ、駐夫として自信を持って生活することができた。

指示待ちや受け身ではなく、主体性を持ち意欲的に働く米国人の同僚をみて、日本で働いていた時の自分を省みた山本さんは、自由度を高め、主体的に働く必要性を強く感じた。渡辺さんにしても、駐夫たちにしても新たな環境に飛び込んだことによって、心を突き動かされ、大いに鼓舞されていた。理由や背景はともかく、踏み出したその一歩は、その後のキャリア形成や働き方を巡る価値観に多大な影響を与えていた。自らのキャリアやレベルをアップする格好の機会となっていたことがうかがえる。

†生きづらさの先にあるのは

配偶者の海外赴任に同行した一〇人の駐夫と、妻のほうが自分より稼いでいる男たち二人のあいだには、多くの共通点を見出すことができた。

稼得能力の喪失に呆然とし、夫婦間の収入・社会的格差に人知れず悩み、妻との関係性の変化に苦悩しながらも、妻のキャリアを大切にすることを忘れず、夫婦一体となってキャリアを築き、子どもを育てる――。こうした点では、国内外を問わず一致している。「男がこうであるべきだ」という旧来の価値観は、日本を飛び出しても、容易に崩れることがなく、男性たちを苦しめる。性別役割意識、ジェンダー役割規範を巡る高い壁と対峙し、悶え苦しんだ末に葛藤を乗り越えた男性たちが歩み始めた新たな生き方は、生きづらさに直面している、多くの男性の目に、どのように映るだろうか。

第七章

夫も妻も活躍する社会をつくるには

1　日本的雇用慣行の打破を目指して

†新たなキャリアに踏み出した男性たち

二〇二二年夏に行った駐夫インタビュー（Ｚｏｏｍ）から約一年後、一人ひとりと対面で初めて会い、近況を聞く機会があった。帰国後、全員が新たなキャリアに踏み出しており、インタビュー後の出来事を生き生きと話してくれたのが、極めて印象的だった。

今度は自らが駐在員となり家族を帯同することが決まった人、好条件を求めて転職を重ねている人、企業に役員として迎えられた人、子どもの教育を考え海外移住に向けた準備をしている人など、それぞれが駐夫経験を経て、さまざまな道を歩み始めている。忙しくしながらも、夫婦で家事・育児の役割を分担、協力し、日々の生活を築いている様子が見受けられた。

これまで紹介してきた一二人の男性たちは、女性の社会進出が一段と進めば、決して珍しい存在でなくなる可能性は十二分にある。妻のほうが、夫の収入や社会的地位を上回るのが稀有ではないという未来予想図を、いち早く体現しているだけなのかもしれない。

夫婦どちらかではなく、男性（夫）も女性（妻）のいずれもが活躍する社会を築き上げるために、何が必要なのか。有効な処方箋はあるのか。まとめとなる本章では、これまで取り上げてきた駐夫、妻のほうが稼いでいる男たちの事例を通じて、日本社会が長年にわたって抱え続けてきた課題や歪みの解決に向けた策を探っていきたい。

†男性にも求められる柔軟なキャリア

本書では、自身のキャリアを一時的にセーブして、女性を支える側に回った駐夫という新たな男性像の存在を浮かび上がらせつつ、その意識変容を時間の流れとともに描き出した。そこからは、これまであまり見られなかった、夫婦が共同でキャリアを形成していくという新たなキャリア形成観がうかがえる。

日本におけるキャリアを中断した駐夫が帰国後に再び職を得るまでのプロセスを解明したところ、一時的に年単位でキャリア中断が生じたとしても、十分にキャリアを再び立ち上げられることが明らかになった。現地ならではの経験を積んだり、就業していた日本時代よりは相対的に時間があるという利点を生かしながらスキルを獲得したりした後、それらを帰国後に活用すれば、むしろステップアップ期間になり得ることも分かった。

日本におけるキャリアから実質的に離れたものの、キャリア中断からの回復に成功した男性として、一つのロールモデルを提示したと言えるのではないだろうか。

ダイバーシティー（多様性）の概念が喧伝されて久しいなか、多様な働き方や人生を求める流れは年々強まっている。とはいえ、日本のジェンダー・ギャップ指数（二〇二三年）は、一四六国中一二五位と、前年の一一六位を下回り、低迷が続いている。ジェンダー平等意識の広がりに欠けていると言わざるを得ないだろう。日本特有のあり方を示す男性優位社会の下、妊娠や出産、育児などライフステージの変化によって生じるキャリアの中断は、これまで女性ばかりに偏っていたのが実情だ。

そして今、キャリア中断はライフステージの変化に起因するものだけではない。本書で取り上げた海外赴任による同行をはじめ、誰にでも起こり得る病気や介護、さらには留学やボランティア、政府が後押しする姿勢を鮮明にした「学び直し」など、キャリア中断のあり方は広範囲に及んでいる。

男性のキャリア中断に対し、全体的に及び腰で批判的な面すらある日本社会において、長年の固定観念に基づいた性別役割を捉え直すことが必要なのではないか。何よりも男性自身が日本的雇用慣行を脱するために、より柔軟なキャリア形成に踏み出し、これまで女性が担ってきた役割を積極的に担うことが求められよう。

日本のジェンダー問題を考える上で、その必要性に気付くことこそ、女性だけでなく、男性の人生を少しでも豊かにする可能性を秘めているという認識を抱くことが大事だろう。

†キャリア中断への社会的理解を深める

インタビューからは、調査対象者一〇人が帰国後のキャリア構築にあたって、既存スキルや新たに獲得したスキルを生かして再就職を果たし、日本におけるキャリア再開に踏み出していたことが分かった。ただ、一部の人は書類審査の段階で、相当数の応募先企業からふるいにかけられたこと、ブランクをマイナスと判断する企業が多数存在したことを語っていた。「ブランクをどう考えますか」と面接で尋ねられた経験がある人もおり、企業の姿勢は千差万別だったことも明らかになっている。

ジェンダー平等意識が徐々に根付き始めているなかで、企業が男女、つまり駐夫と駐妻を差別しているかどうかについては、前述の先行研究と本研究のデータだけではあまりにも不十分であり、細かな検証が必要だろう。企業側は書類審査にあたって、応募者の年齢や渡航前の職歴なども含めて多角的、総合的な観点に基づいて、求職者とのマッチングを考慮しているとも考えられる。ただ、配偶者の海外赴任という事情に基づくキャリア中断をブランクと位置付け、否定的な見方に立っている可能性は必ずしも否定できないのではないか。

配偶者の海外赴任を受けた同行のみならず、病気や介護など様々な事情や背景によってキャリア中断に至った人のブランクを、プラスとは捉えないまでも、決してマイナスと判断することのない土壌づくりが求められる。

インタビューを受けた駐夫一〇人は、いずれも口を揃えて妻の海外赴任に同行したことを前向きに振り返っており、キャリア中断を積極的かつ肯定的に受け止めていた。男性優位社会で、「男は仕事、女は仕事と家事・育児」というジェンダー役割意識が浸透している日本社会が、多様化しているキャリア中断の実像、さらにはその有用性を理解して受け入れていく、社会的包摂が必要なのではないか。

2 夫婦でキャリアを共同形成するために

†中小企業にも休職制度が必要

駐夫の語りからは、休職制度を利用して、海外に渡航したケースが確認できた。配偶者の海外転勤に帯同する国家・地方公務員に最長三年間の休業を認めた「配偶者同行休業法」が二〇一四年に施行された後、民間にも同様の制度が広がっており、一定の効果を発揮していると言えるだろう。ただ、第一章で点検したように、休職制度がある企業は三・九％にとどまっているという実態がある。

休職制度を用いた調査対象者は全員が大手企業に勤務していた。中小企業勤務の調査対象者の話からは、休職制度がないため、退職を余儀なくされたという語りが得られた。休職制度の創設を会社に掛け合ったものの、よい返事が得られず退職した高橋さんは、妻から「付いてきてほしいけど、あなたのキャリアが途絶えるのが心配」とも言われていた。

共働き世帯が専業主婦世帯の数を上回る時代に、男女いずれかが海外赴任となった際、同行する配偶者のキャリア中断は今後も大きな問題になる恐れがある。時差があり、文化も慣習も言葉も異なる環境で、配偶者が職を失う心配をすることなく同行し、家族が生活を共にするためには、中小企業も含めた休職制度を拡充することが不可欠なのではないか。

海外赴任となった駐在員にとっても、同行した配偶者のキャリアを中断どころか断絶させてしまった負い目を感じることがなく、現地での仕事に安心して取り組めることにもなるだろう。同行する駐夫や駐妻に加えて、駐在者本人にとっても休職制度は有益であり、効果的だと重ねて指摘したい。同行者、駐在者の双方に利益をもたらすに違いない。

なお、あくまでも休業制度は企業固有の制度であって、制度が存在する大企業であっても、企業側が社員の申し出を拒否する可能性も否定できない。制度の利用が法制化されている公務員とは事情がかなり異なっている点は、今後の課題となるだろう。所属する企業・団体の規模や人事方針、さらには官か民かによって、同行休職制度の恩恵を受けられるかどうかが異なるのは問題ではないか。中小企業への制度拡充と合わせて、政府から経済団体や業界団体に対して運用に関する要請を行うことも必要だ。

†現地での就業制限は撤廃を

第二章2項で見たように、駐在員を送り出した側の企業が同行配偶者の現地就労を禁じている規則が一部で存在している。現地での就業に意欲的な同行配偶者にとって、駐在員側の企業が定めた規則が、キャリア継続の可能性を阻んでいる恐れが十分にあるのだ。同行配偶者の現地就労では、米国やシンガポールなどは労働許可を申請するなどの手続きを踏めば、就労が可能となる。

ただ、（一）休職中である帯同者の所属先が、休職中の現地就労を禁じている、（二）帯同者の配偶者（駐在員）の所属先が、帯同者の現地就労を禁じている、（三）駐在員の所属先が帯同者の就労を禁じていなくても、現地で就労した場合は扶養家族から外されるため、医療保険や家族手当の受給変更で不利益が生じる――などの事情がある。就労する本人にはビザの切り替えが求められる場合もあるほか、駐在員所属の企業側は扶養家族から外すのに煩雑な手続きが必要となり、手間を避けたいとの思惑も垣間見える。

日本国内であれば、片方の配偶者が所属する企業や団体が、もう片方の配偶者の就労について、制限を加えたり、禁止したりするケースはまず見られないだろう。人権問題だけでなく、あらゆる点で問題があると指摘されるはずだ。にもかかわらず、配偶者の海外赴任に同行し、新たに暮らし始めた滞在先で、その国家ではなく、駐在員となった配偶者の企業によって就労が制限されるのは、あまりにも理不尽ではないだろうか。

共働きが主流の現在、駐在員に同行するのは、専業主婦だけに限らず、正規・非正規を含め就労中の女性もいる。現地就労を禁じる規則を設けた当時は、専業主婦世帯数が共働き世帯数を上回っていた頃とみられる。「妻は、海外でも夫を支えるべき」という考え方は、現状に見合っていないと言えるだろう。

駐在員を送り出す側の企業は、同行する配偶者への対応や支援について、実態や時代背景を十二分に考慮した上で、性別に関係なく手厚くすべきだと考える。第一に、配偶者の現地就労を可能とするため、就業を制限する規則がある場合は、撤廃や改正が必要だ。

第二に、同行配偶者に対するスキルアップや学習機会の提供が求められる。生涯学習や学び直しを巡る環境が整備され、言葉の障壁なしにアクセスが容易な日本国内と、時差があり言葉も異なる滞在地とでは、取り巻く状況が異なる。

配偶者に対し、現地語を学習する機会の提供や、子どもに対する通信教育講座費用への助成などは一部企業で確認されている。これらに加えて、同行配偶者の帰国後キャリア再構築に向けた福利厚生の一環として、日本とつなぐオンライン講座や社会人向け通信講座などのリスキリング支援や、帰国前のキャリア相談、求人紹介などが考えられるのではないだろうか。

†働きたい人ばかりではない

これまで、キャリア中断がもたらす影響や弊害、各人が抱く意識について取り上げてきた。数年単位のキャリア中断を肯定的かつ前向きに捉える駐夫がいた一方、育休取得による数カ月のキャリア中断を恐れた内田さんのような人もいる。駐夫の中にも、キャリアが中断することを不安に思い、現地で就業した人も複数いた。それぞれ、考え方は千差万別と言えるだろう。

在米の日系企業が調査したデータを紹介したい。帯同家族として米国に住んでいる配偶者に対し、現地で仕事をしたいかどうか尋ねたもので、六割の人が「働きたい」と回答した一方、四割は「働かず、貴重な機会を楽しみたい」などと答え、大きく分かれたのが特徴だ。回答者のうち、帯同する前に正社員など何かしらの形態で働いていた人が八割に上っている。共働き世帯数が専業主婦世帯数を上回っていることが裏付けられており、同行する配偶者が日本でキャリアを築いてきたことがうかがえる。実際に米国で働いている人は四割に達している。

働きたい人の理由では、「キャリアを継続したい」が最も多く、「収入を得たい」、「新しいキャリアを築きたい」、「仕事と育児を両立したい」と続いた。働きたくない人は、「育児に専念したい」、「専業主婦として生活したい」、「趣味や習い事に時間を使いたい」などと答えた。

駐夫のインタビューでも、「一通り仕事をやり切った感があった」、「人生の休憩がほしかった」との語りが得られた。日本の雇用慣行下で働いてきたことに対する疲労感や倦怠感を抱き、何らかの変化を求めていたところ、妻の国外転勤の話が舞い込み、瞬発的に飛びつき、その場で同行を決断した人もいた。彼らは、現地で自分を取り戻すような時間を過ごした。現地で最初の一年間は、それまでほとんど妻に任せていた家事・育児を全面的に担い、のんびり生活することを選んだ後、二年目は現地で就職し、国外出張が多い妻と手分けしながら、仕事と家庭を両立した今井さんのような男性もいた。

配偶者の海外赴任に帯同する期間をどのように使うかは、もちろん人それぞれの自由だ。あらためて強調したいのは、決断した理由や背景がどういうものであろうと、結果的にはそれぞれが貴重な時間を過ごし、帰国後のキャリア設計に生かしていたという点だ。

3　男性の生きづらさを解消する

†二四時間戦えますか？

バブル真っ盛り、私が高校二年生の時だったろうか。栄養ドリンクのテレビCMが大きな反響を呼んだ。日本人ビジネスマンに扮した俳優が「二四時間戦えますか。ビジネスマン、ビジネスマン、ジャパニーズビジネスマン」と歌いながら、ドリンクを手に飛行機で世界を飛び回る姿を描いた、コミカルな内容だ。この「二四時間戦えますか」は、当時の新語・流行語大賞の候補にもランクインした。

放映時、ジャパンマネーが世界を席巻していた。米ニューヨークの象徴の一つ、ロックフェラーセンターや米カリフォルニアのユニバーサル・スタジオ・ハリウッドなどが次々と日本企業に買収されていた。経済力に自信を強めた日本では、米国のビジネス慣行を批判し、石原慎太郎氏とソニー会長だった盛田昭夫氏が日本の存在感強化を謳った共著『「NO」と言える日本』が出版されたりしていた。

私自身、大学受験を控え、将来的な進路の方向性を明確に打ち出さなければいけない時期に登場したCMだったため、今も強烈に覚えている。今の時代なら、完全にブラック認定され、アウトなフレーズだが、当時は普通に受け入れられていた。男性は外で働き続け、女性が家庭を守るのが一般的な価値観とされていた時代には、それで良かったのかもしれない。しかし、今はかなり様相が異なっている。

「男女共同参画白書令和二年版」（二〇二〇）は、OECD（経済協力開発機構）が二〇二〇年にまとめたデータを紹介している。各国における有償労働時間の男女比（女性を一とした際の男性の倍率）を見ると、日本は一・七倍で最も男女比が大きいと指摘する。二〇一四年よりも女性の有償労働時間が増えたために、男女とも有償労働時間が長く、とりわけ男性の有償労働時間が長いと強調している。

ちなみに、「二四時間戦えますか」のフレーズは、二〇一〇年代に世相を反映し「二四時間戦うのはしんどい」、「三、四時間戦えますか」に変わったという。

政治や経済をはじめ、文化、スポーツ、芸能などの各界で名を馳せた著名人が自らの半生を語る日本経済新聞朝刊の人気連載「私の履歴書」。毎朝楽しみにしている人も多いことだろう。月末の最終回でしばしば登場する文言が、一部のSNSで嘲笑の対象となっている。妻に対し「これまで、あまり子育てに関われず、さんざん迷惑をかけた。これからは罪滅ぼしの意味もあり、楽にさせてやりたい」などとする紋切り型だ。共働き家庭が半数以上を占める時代となって久しい。こうした文言も、少なくなっていくのだろうか。

†男性の幸福感が低い日本

パーソル総合研究所が一八カ国・地域の主要都市の人々を対象に、仕事に対する幸福感（はたらく幸せ実感）と不幸感（はたらく不幸せ実感）を探った調査がある。就業者が主観的にどのように感じているか尋ねたところ、日本で「幸せを感じている」と答えた就業者は半数以下の四九・一％にとどまり、最下位だった。理由の一つとして挙げられたのが、労働時間が男性に偏りすぎており、男性の幸福感が低いという点だ。

調査では、「週当たりの労働時間が短いほうが、男女を問わず幸福度が高い傾向がある」とした上で、日本の男女間における労働時間の差と、幸福度を巡る男女間の差のいずれもが、調査対象国・地域の中で最も広がっていることを示した。長年にわたり染みついた企業文化や長時間勤務に代表される日本的雇用慣行が、働く男性の幸福度に影を落としている現実が浮き彫りになり、労働時間と幸福の相関関係が示された興味深いデータであろう。

かくいう私も、以前は長時間労働が当然の職場で働いていた。記者という仕事の特性上、毎日同じオフィスに出勤し、周囲を上司や同僚に囲まれ、自分のデスクで働き続けるという形態ではない。記者クラブなどを拠点とし、朝から深夜まで自由に歩き回ることができたものの、残業が毎月一〇〇時間を超えるのが通常で、時には一八〇時間ほどに達した。体感では、残業が一五〇時間を超すと、肉体的にも精神的にも相当な負荷がかかってくる。年齢を重ねればなおさらのことだ。幸福か不幸かなどと考える余裕もなく、とにかく目の前の業務をこなさなければいけないという強迫観念に駆られていたような記憶がある。

子どもが生まれてからも、そうした状況では、なかなか家事・育児に主体的どころかサポート的にも取り組めるはずもなかった。妻は時短勤務に転じ、私は普通に仕事を続けていた。当時を振り返ってみれば、仕事の面白さや醍醐味は感じていたとはいえ、恐らく「幸せを感じている」と答えられなかっただろう。

一日のうち、かなりの時間を占めることになる仕事について、半数以上が幸福を感じられないのはなぜなのか。本質的な問いに、真剣に向き合う必要があるのではないだろうか。

†いつまで甲斐性にこだわるのか

米国では、一九八〇年代後半から家事・育児を積極的に担う男性が目立ち始めた。その背景には、産業構造の激変を受け、男性が請け負ってきた仕事が減少し、賃金が低下したために妻も就労せざるを得なくなったという切迫した事情があった。治部れんげによれば、そうした共働き男性には、仕事よりも家庭を優先する人と、仕事が好きでキャリア志向ではあるものの、夫としての責任感を抱きながら、妻と家事・育児を分担する二つのタイプがあるという（治部二〇〇九）。

実際、私の妻が米国で働いていた当時の同僚（米国人）で、夫婦の収入がほぼ同額だった人が何人かいた。そのうちの一人（女性）は、どちらかがメインの稼ぎ手という意識は夫も妻もいずれも抱いておらず、あくまでも対等な夫婦関係をキープしていた。

一方、五章で話を聞いた内田さんは、自分の倍以上稼いでいる妻に対し、自分が主たる稼ぎ手になり得ていないという複雑な感情を抱いているが、「最終的に、経済的な恩恵を受けるのは自分」と納得させていた。メインの稼ぎ手である妻自身は、自分自身が大黒柱になることを嫌がっているとも語っていた。

家族社会学者の多賀太は、男性だけでなく女性も依然として「男性が稼ぎ手」とする家族意識が標準だと認識していると指摘する。同時に、男性は稼ぎ手役割を務めるべく仕事最優先の生き方を強いられており、長時間労働を余儀なくされる働き方を改める必要性があるとも強調する（多賀二〇二二）。

男性よりも女性が稼ぐ内田さん夫婦でさえも、妻は大黒柱になるのを好まない。妻が前面に出るのを良しとしない価値観は、今の日本でも一般的なのだろうか。そう考えると日本人男性の甲斐性は、岩盤のように硬いのかもしれない。

先日、他社の政治記者仲間と数年ぶりに再会した。妻の赴任を受け休職して渡米し、仕事から離れていたことを伝えると、同年齢の彼は驚いた後、こんな言葉を漏らしていた。

共働きだと、そういうことができるのか。結婚時、(妻に)仕事を続けさせるなんて考えたこともなかった。ウチは子どもがまだ中学生だから、まだまだ自分が頑張って稼ぎ続けないといけない。

彼が、かなり疲れた表情を浮かべていたのが印象深い。

4　真のジェンダー平等社会に向けて

†ノーベル賞学者からの注文

日本女性の労働時間は短い傾向にある。労働力になっていることは良いが、男性と異なって正社員でない場合も多い。女性を労働力として働かせるだけでは解決にならない。

二〇二三年のノーベル経済学賞に輝いた米ハーバード大のクラウディア・ゴールディン教授が、先進国の中でも男女間の賃金格差が際立つ日本の雇用環境に対し、注文を付けた。日本における男女間賃金の格差は、先進七カ国（G7）の中で最下位に低迷している。女性活躍推進法が改正されたことを受け、二〇二二年から従業員三〇一人以上の企業に対し、賃金格差の開示が義務付けられた。ホームページなどで公表されて可視化されるようになり、改善に向けた動きが進み始めたという見方もできるが、根本的な見直しにつながるかどうかは見通せない。

ゴールディン氏は、雇用や賃金を巡るジェンダー間のギャップなどについて、過去二〇〇年間の統計データなどを用いて研究を続けてきた。労働時間に柔軟性がないことが、日本の賃金の男女間格差の原因だと主張する。家事・育児などの家庭仕事に追われる女性よりも、長時間働くことが可能な男性のほうが優遇され評価されるという日本の現実を正確に捉えた上で、女性の活用法を是正する必要性があるという認識を示したのだろう。

固定的な性別役割意識に基づき、男性は長時間労働を強いられる反面、家事・育児を担う女性は長時間労働が自ずと不可能になる。休日出勤や緊急呼び出しに対応するのも困難だろう。労働時間の差は、男女間の評価差につながり、賃金の違いにも明確に表れる。労働時間の柔軟性を一段と高めることによって、男女間における賃金格差を解消すべきだとするゴールディン氏の指摘について、今こそ極めて重く受け止める必要がある。

†令和の夫婦関係へ

二〇二三年六月に公表された「令和五年版男女共同参画白書」は、硬直的で固定的な性別役割認識を改める必要があるという考え方を強く示した。本書で繰り返し指摘してきた「男性は仕事、女性は家庭」とする固定的な観念を「昭和モデル」と断じ、男性、女性を問わず、あらゆる人が希望に応じて、家庭でも仕事でも活躍できる「令和モデル」を実現できる社会に移り変わるべきだと提言したのだ。各メディアが取り上げ、話題になった。

令和モデルを実現するために、(一)男性の長時間労働を是正し、勤務時間にかかわらず仕事の成果で評価され、昇進を目指せる環境整備、(二)再就職や転職にあたり、スキルを向上させるためのリスキリング機会の提供、(三)男女間賃金格差の改善や女性の管理職割合のさらなる引き上げ——などを求めている。政府が率先して、こうした価値観を提唱したことは、昭和の終わりを痛感させる。

白書は、若年層の男性は労働時間を減らし、家事・育児の時間を増やしたいと思う反面、若年層の女性は家事・育児時間を減らしたいと思う傾向が強いとも指摘する。また、若い男性ほど家事・育児参画への抵抗感が低く、上司への働きかけや周囲の理解を得ながら、職場環境を改善していく必要性を感じているという。いわば、男性と女性のニーズは見事に一致しているわけだ。この方向性で進めば、令和モデルの実現は近づくに違いない。

ただ、こうした若年層が今後も日本社会で仕事を続けていくなかで、この価値観を持ち続けられるのだろうか。組織内で権限を行使できる管理職になったとき、価値観が変わらないと言い切れる根拠はない。新たな時代の潮流に期待したいのはもちろんだが、日本的雇用慣行など旧来の価値観に凝り固まった「粘土層管理職」にならないとは限らない。

前出のゴールディン氏は、日本の女性の働き方と少子化問題を絡めて「家庭だけの問題ではない。職場が急速な社会の変化に追いつけていない」、「現役世代である若年層の考え方を支配する年配の人を教育する必要がある」と語る。この発言が意味するのは、旧態依然とした価値観から離れられない粘土層が職場にいて、新たな価値観を身に付けつつある若年層の考え方が退けられ続けているというものだ。「米国は、長い時間をかけて新しい世代がもたらしたものに各世代が慣れ、変化していった。ただ日本はあまり適応できていない」という指摘は、戦後の「成功体験」を牽引した雇用慣行の強固さを物語り、曲がり角にも至っていない現状を捉えている。

†男性稼ぎ手意識との決別

では、どうすれば、長時間労働や男性の稼ぎ手意識が消えない日本の働き方、雇用慣行を巡って、変化が起きていくのだろうか。効果的な処方箋はあるのだろうか。

まずは官民一体となった取り組みが一段と求められるのは言うまでもない。政府は、あらためて女性活躍推進の旗を大胆に振り直す必要があろう。その際、メリットを享受するのは女性だけでなく、男性にも十分なメリットがあるという方向で政策誘導を展開すべきではないか。女性活躍と銘打っているがゆえに、自分には関係ないと認識している男性に訴えかけるためにも、女性の活躍によって男性に生じる利点を明示すべきだろう。働き方改革として導入した、時間外労働に関する上限規制の強化で、さらに踏み込むことも考えられる。

民間企業においては、二四時間三六五日、世界規模での競争にさらされているグローバル企業の動きに期待したい。外資系をはじめとした機関投資家は、男性優位が続く日本企業に対し、厳しい視線を注いでいる。日本企業は女性社外取締役を迎え入れるなどして、自社イメージの向上を図っているが、同じ流れで長時間労働の改善に一段と取り組めないものだろうか。世界の潮流に敏感な視点を持つグローバル企業のトップが危機意識を持ち、日本的雇用慣行の改善に努める姿勢を取るようになれば、何かしらの変化が起こりうるのではないか。

†男性一人ひとりの変化から

最終的に必要なのは、性別役割に対する男性の意識変革だと考える。

男性自身が、メインの稼ぎ手として仕事最優先の生き方を歩むのが当然だと思い込みすぎていないだろうか。その結果、家事・育児を女性が担うのは、仕方のないことだと考えていないだろうか。

硬直化した性別役割意識をジェンダー問題と捉え、抱えている問題ひとつひとつについて、男性が他人事ではなく自分事として捉えていくことが求められていると思う。

ジェンダー問題の解消に取り組む女性政治家・研究者らが何を言っても「あ〜、○○がまた何か言ってる」、「自分には関係ない」、「どうせ何も変わらないでしょ」と聞く耳すら持たず、やり過ごしていないか。そんな人は胸に手を当てて、ほんの数秒でいい、自分と向き合い、少しばかり考えてみることをお勧めしたい。自分が長時間にわたって深夜まで働いている一方、妻は仕事から早く帰宅し、家事・育児に一人で奮闘している姿を思い浮かべてみて欲しい。

勤務時間が減れば、多くの人は家族と過ごす時間が増えるだろう。自分自身と向き合う時間も増え、仕事以外に費やす時間も生み出せる。仕事一色の生活・人生から脱却し、もっと家事・育児などの家庭仕事に取り組めば、女性がこれらを担う時間は確実に減るはずだ。こうしたことによって、男性の人生は豊かになり、それを受けて女性の人生もより豊かになるのではないだろうか。そして、それは女性からも必ずや歓迎されるはずだ。

長年にわたって形成され、引き継がれてきた雇用慣行に基づく価値観を変えることは、なかなか一筋縄ではいかないだろう。男性優位の秩序に基づき、絶妙なバランスで保たれてきた価値観は、少しでも揺らぐことすら容易ではないかもしれない。

しかし、世の中の半分を占める男性が、自らにも密接にかかわる問題として正面から真剣に向き合えば、どうだろうか。ジェンダー問題が解消される方向に向かい、女性の社会進出が一段と進むことで一気に流れが変わり、他の主要国に肩を並べられるのではないだろうか。

男性一人ひとりが自らの働き方や生き方を見つめ直し、自分の足元から変わっていくことが求められている。

†未来に向けた提言

本書で取り上げた駐夫一〇人は、渡航前は旧来の雇用慣行にどっぷりとつかり、長時間労働を強いられていた。大半が大企業に勤め、第一線で活躍していた彼らは、数年単位で日本を離れ、キャリア中断を決断した。硬直的な性別役割に囚われず、夫婦間で交換した。第五章で取り上げた男性二人は、稼ぐ力で妻の後塵を拝していることに複雑な思いを抱き、社会的地位を巡る妻との関係性が逆転したことに対し、周囲からの冷ややかな視線にもさらされた。ただ、夫は妻を、妻は夫をそれぞれ尊敬し、夫婦共同でキャリアを築いてきた。

これら一二人の男性は、全員が心の中にモヤモヤを抱え、葛藤に直面していた。今もさいなまれている人もいる。男の生きづらさを体現している男性たちの語りを通じて映し出されたものは、日本社会の未来予想図かもしれない。長時間労働がたたり、性別役割は依然として硬直化した状態が続いている。そうした性別役割意識を打破し、世界に遅れを取るジェンダー平等を一刻も早く解消していく上で、本書が少しでも参考になれば幸いだ。

現時点で、彼らが普遍的なロールモデルであるとは考えていない。ただ、彼らの姿は、先進例の一つであると強調したい。

妻の海外赴任に同行する前、政治記者時代の私は、「新たな閣僚のうち、何人が女性」と報じる記事の必要性を感じたことがなかった。給与のほぼ全額を保育園代やシッター代に費やす同僚の女性記者が、どうしてそこまでして共働きを続けるのか、独身時代の私は理解が至らず「何のために働いているの？　何で辞めないの」などと平然と言い放っていたような人間だった。まったく恥ずかしい限りだ。

どんなことがきっかけでもいい。

男性一人ひとりが新たなことに踏み出せば、何かが変わっていくに違いない。

それこそが、ジェンダー問題の解消に向けて、駐夫を経験した私からの提言だ。

あとがき

昨年の今ごろは、修士論文の執筆に連日連夜追われていた。家族と夕食を取るのも控え、部屋にこもり、ひたすら自らを追い込んでいた日々が懐かしい。そんな経緯を経て書き上げた「配偶者の海外赴任に同行した男性の意識変容とキャリア設計〜駐夫の帰国前後を中心事例として〜」を大幅に加筆修正した本書を、世に出すことができた。感無量だ。

三年三カ月の米国生活を終え、二〇二一年春に帰国した。テレビをつければ、当然ながら時差なしで政治のニュースが飛び込んでくる。国会議員や官僚、政治記者仲間らと再会すると、自分が駐夫であったことを何となく隠したくなるような感情が湧いた。そうした人々を前にすると、どうしてもマッチョな自分＝昔の自分が姿を現す。苦しかった。

駐夫経験者と名乗れば、男としての弱さを見せてしまうことにつながらないかと思い詰め、渡米前や現地滞在時に続き、再び葛藤にさいなまれた。駐夫論文を書くために大学院に入ったはずだが、正面から取り上げるのに躊躇し、一度はテーマを変えかけた。迷走を始めていた。そんなときだったか。「駐夫の論文は、あなたしか書けない」という指摘をくださった法政大学大学院教授の石山恒貴《のぶたか》氏に心から感謝を申し上げる。

本書で繰り返した言葉の一つに、男らしさを表す「男性性」がある。米国では、自らを男性性から解放し、家事・育児を担う駐夫として、ごく自然体でいられたものの、ひとたび日本に戻ると、かくも男性性を意識し、性別役割意識にどうしても囚われてしまう。己の問題なのか、日本社会の問題なのか分からないが、自らへの戒めとしたい。

今後の課題として二点挙げる。インタビューした駐夫一〇人の滞在地が、欧米先進国に偏っていることは否めない。駐夫の数が極めて限定されているとはいえ、新興国や開発途上国経験者が抽出できていたら、異なる様相があぶり出された可能性がないとは言い切れない。また、一〇人はパンデミック前に現地に渡航していた。コロナ禍の最中に帯同した駐夫は、日本の企業に所属したままリモートワークで現地就労に取り組んだ可能性がある。調査実施時期やコロナの流行が起きた時期との兼ね合いで、そうした人々を盛り込めなかった。

本書執筆にあたり、駐夫にとどまらず日本人男性が抱えている複雑な思いをより広くすくい上げ、男性性や稼得能力を巡る葛藤に苦しむ実相を伝えるべく、「妻のほうが稼いでいる男たち」として男性二人へのインタビューを試みた。海外での主夫＝駐夫、国内での主夫を同時に取り上げたことにより、複合的で幅広い視座を示すことができたと考えている。

一人ひとりの名前を挙げることができないが、一二人の男性には、多忙な折、インタビューに応じていただき、感謝の念に堪えない。同じ男性として、どこまで本音を引き出せたかは、読者の判断にお任せしたいが、何人かから「話してスッキリした」という言葉をもらえたのは望外の喜びだ。女性には言えないことまで話してくれたと勝手に解釈したい。

本書の企画・構想段階から相談に乗っていただいた筑摩書房編集者の藤岡美玲氏、藤岡氏を紹介してくださった古巣・共同通信社の大先輩である小林義久氏にもお礼を申し上げる。

本書では、駐夫のみならず、妻より収入や社会的地位で下回るという新たな男性像を浮き彫りにすることに至った。今後、日本社会がジェンダー格差を早急に解消し、男女ともに仕事も家事・育児も担いながら、心豊かに暮らせる時代に向かっていく（と思われる）なかで、ことさら取り上げるべき存在としてこうした男性が出現しているのは位相に過ぎないのかもしれない。世界的にも独特である日本的雇用慣行の下、男性優位社会からジェンダー平等社会に移行する過程で、女性に偏りがちだったキャリアの中断が男性にも自分事として次第に波及し、海外赴任への同行にとどまらず、自らのキャリアを中断したり、いったんセーブしたりする道を積極的かつ前向きに選択する男性が、この先一人でも多く増えるのを願ってやまない。

あわせて、男性一人ひとりがジェンダー問題に対して真摯に向き合うことこそが、男性が縛られている硬直的かつ固定的な性別役割から自らを解き放ち、自由になると同時に、女性の社会進出をいっそう実現するための促進剤になるということを重ねて強調したい。

幸いにして、若い世代を中心に男女を問わず、性別役割意識に関する柔軟な姿勢が広がっており、ジェンダー平等の実現に向けたハードルが低くなっている兆候が見られる。新たな時代の令和を生きる若年現役世代の今後の動向に、引き続き注目していきたい。

渡米時、五歳、三歳だった長女と長男は、早いものでいずれも小学生になった。本書執筆中であろうと、子どもたちは私にまとわりついてきて、その都度作業はストップした。君たちが大人になる頃には、どのような景色が広がっているのだろう。「男のくせに」とか「女性ならではの感性や共感力」などという表現はなくなっているだろうか。

私が書く原稿の最初の読者として、いつも手加減ない意見をくれる妻にも、仕事を休職して米国で暮らすというかけがえのない日々をくれたことも含め、心より感謝する。

二〇二三年一一月

小西一禎

研究の概要

調査・分析手法の枠組みは、非可逆的時間の上で人生径路を描き出す「複線径路等至性アプローチ」（ＴＥＡ）を援用した。ＴＥＡの構成概念である「歴史的構造化ご招待」（ＨＳＩ）に基づき、妻の海外赴任に同行した経験を持つ調査対象者、男性一〇人へのインタビューを実施した。分析手法は、同じくＴＥＡの構成概念である「複線径路等至性モデリング」（ＴＥＭ）を用いた。

ＨＳＩを用いて、研究者（＝私）が調査対象者を研究に招き入れるのにあたり、駐夫を経験し帰国済みの男性（二〇代〜四〇代）で「国外に一年以上滞在し、帰国してから一〇年未満」を条件とした。定年が迫っており、帰国後のキャリア設計との趣旨にそぐわない可能性があり得ることを考慮し、五〇代以上は含めなかった。滞在期間や帰国後の年月を限定したのは、国外生活の経験が一定程度ある上、当時の記憶が鮮明であり、日本社会への適応期間を踏まえたためだ。

対象者の選定では、駐夫経験者の絶対数が極めて限られることが予測されたため、駐夫経験者らで構成されるグループに依頼するのが最適と判断し、調査への協力を要請した。前述したＨＳＩの考え方に基づき、「等至点」（ＥＦＰ）として定めた「帰国後のキャリアを設計する」を経験した人たちをお招きするという形式を取り、最終的に調査対象者は一〇人に固まった。ＴＥＭの「一・四・九の法則」（安田・サトウ二〇一二）は、調査対象者が九人前後に上る際、ＥＦＰに至るまでの人生径路の類型化が可能とされる。対象者が一〇人に上ったため、第四章で類型化を提示した。

インタビューは二〇二二年六～九月にかけて、計三回実施した。インタビューに先立ち、メールで本研究の趣旨や目的を説明した上で、趣旨説明書と協力依頼書、同意書を添付し、各人の署名入り同意書を得た。初回は、第二章で示した質問項目に基づき、一時間前後にわたって実施した。

その後、インタビュー記録を逐語化し、全体像の把握に努めるとともに、意味を持つまとまりごとに発言を文節として分ける切片化を試みた。それらの集約作業を順次進めながら、ＴＥＭの概念を一つずつ生成した。続けて、各概念を時系列で整理しつつ、一〇人それぞれのＴＥＭ図を作成した。さらに一〇人分の個別ＴＥＭ図を重ね合わせ、一枚にまとめた統合ＴＥＭ図を作った。

統合ＴＥＭ図の分析を進める過程で、ＥＦＰの「帰国後のキャリアを設計する」に違和感を抱くようになった。私があらかじめ設定したＥＦＰが、調査対象者にとってはそれほど重要な意味合いを持たず、帰国後のキャリア設計よりも先の段階に、重い意味を持つポイントであるセカンドＥＦＰがあるのではないかと推察した。ＥＦＰを再検討した結果、セカンドＥＦＰを「次のキャリアに移行する」と定め、個別ＴＥＭ図を修正した。追って、一〇人に対するインタビューを再度実施し、ＴＥＭ図の確認を求め、了承を得た。同時に、統合ＴＥＭ図も修正した。さらに、四つの類型化も行った。三回目のインタビューで、統合ＴＥＭ図と類型化の確認を得られた。これらを経て、セカンドＥＦＰの発見も踏まえたＴＥＡ的な飽和（上別府・福澤二〇一八）に至ったと判断した。

主要参考文献

伊佐雅子（2000）『女性の帰国適応問題の研究 ── 異文化受容と帰国適応問題の実証的研究』多賀出版

伊佐雅子（2013）「海外駐在員の妻の異文化受容と帰国文化適応 ── アメリカ滞在の場合」『情報コミュニケーション学学際研究』Vol. 2，pp. 86-106.

石川孝子・小豆川裕子（2001）「デュアル・キャリア夫婦に関する探索的研究 ── 夫の海外転勤に伴う妻のキャリア継続・中断・転換に着目して」『国際ビジネス研究学会年報2001年』pp. 199-214.

大嶋寧子（2018）「変わりゆく夫婦の約束 ── 家族の生活安定戦略」玄田有史編『30代の働く地図』岩波書店，pp. 247-276.

大槻奈巳（2012）「雇用不安定化のなかの男性の稼ぎ手役割意識」目黒依子・矢澤澄子・岡本英雄編『揺らぐ男性のジェンダー意識 ── 仕事・家族・介護』新曜社，pp. 134-153.

大野祥子（2008a）「男性の自立とワーク・ライフ・バランス」柏木惠子監修『発達家族心理学を拓く ── 家族と社会と個人をつなぐ視座』ナカニシヤ出版，pp. 57-70.

大野祥子（2008b）「育児期男性の生活スタイルの多様化 ── “稼ぎ手役割”にこだわらない新しい男性の出現」『家族心理学研究』Vol. 22-2，pp. 107-118.

外務省（2023）『令和5年版海外在留邦人数調査統計』

上別府圭子・福澤利江子（2018）「複線径路等至性アプローチ（Trajectory Equifinality Approach: TEA）」『家族看護学研究』Vol. 24-1，pp. 123-125.

川口章（2011）「均等法とワーク・ライフ・バランス ── 両立支援政策は均等化に寄与しているか」『日本労働研究雑誌』Vol. 615，pp. 25-37.

齋藤正典・平田健朗（2008）「保育現場における男性保育者に対する意識調査 ── 男性・女性保育者から見た男性保育者」『盛岡大学紀要』Vol. 25，pp. 67-77.

在ニューヨーク日本国総領事館のホームページ

https://www.ny.us.emb-japan.go.jp/jp/g/mental_01.html#12（2023年11月11日アクセス）
佐藤良子（2001）「欧米を中心とした海外駐在員妻の社会的支援ネットワーク――妻の異文化適応を支援するために」『Human Communication Studies』Vol. 29, pp. 11-26.
治部れんげ（2009）『稼ぐ妻・育てる夫――夫婦の戦略的役割交換』勁草書房
高丸理香（2017）「女性の就業中断経験は再就職のための資源として活用されるか――海外駐在員妻へのインタビューから」博士学位論文（お茶の水女子大学）
多賀太（2006）『男らしさの社会学――揺らぐ男のライフコース』世界思想社
多賀太（2022）『ジェンダーで読み解く男性の働き方・暮らし方――ワーク・ライフ・バランスと持続可能な社会の発展のために』時事通信社
筒井健太郎（2022）「マッチョイズム――男性がありのままになることを阻む壁」リクルートワークス研究所ホームページ
https://www.works-i.com/column/works04/detail054.html（2023年11月11日アクセス）
内閣府（2023）『令和5年版男女共同参画白書』
日本在外企業協会（2022）『第12回　海外・帰国子女に関するアンケート』
パーソル総合研究所（2023）「グローバル就業実態・成長意識調査――はたらくWell-beingの国際比較」
https://rc.persol-group.co.jp/thinktank/data/global-well-being.html（2023年11月11日アクセス）
松田安弘・定廣和香子・舟島なをみ（2004）「男性看護師の職業経験の解明」『看護教育学研究』Vol. 13-1, pp. 9-22.
三浦優子（2019）「日本人エクスパトリエイト・コミュニティに関する社会学的実証研究――駐在員女性配偶者の日常生活実践の事例」博士学位論文（立教大学）
三善勝代（2004）「海外派遣者の配偶者のキャリア意識――帰国者の就業経歴を手がかりとして」『和洋女子大学紀要家政系編』

Vol. 44, pp. 61-73.
三善勝代（2008）「「両立支援」企業５社における転勤施策と運用実績の概況」『和洋女子大学紀要家政系編』Vol. 48, pp. 87-95.
三善勝代（2009）『転勤と既婚女性のキャリア形成』白桃書房
安田裕子・サトウタツヤ編著（2012）『TEMでわかる人生の径路――質的研究の新展開』誠信書房
山下敬・清水純・中田牧人・藤本智美（2016）「看護管理者となった男性看護師のジェンダー意識」『International journal of Japanese nursing care practice and study』Vol. 5-1, pp. 39-46.
労働政策研究・研修機構（2008）『第７回海外派遣勤務者の職業と生活に関する調査結果』
労働政策研究・研修機構（2017）『企業の転勤の実態に関する調査』
渡邊寛（2019）「上司の男らしさ要求による男性の職場感情と精神的不健康への影響」『心理学研究』Vol. 90-2, pp. 126-136.

ちくま新書
1773

妻《つま》に稼《かせ》がれる夫《おっと》のジレンマ
——共働《ともばたら》き夫婦《ふうふ》の性別役割《せいべつやくわり》意識《しき》をめぐって

二〇二四年一月一〇日　第一刷発行

著者　小西一禎（こにし・かずよし）
発行者　喜入冬子
発行所　株式会社　筑摩書房
東京都台東区蔵前二-五-三　郵便番号一一一-八七五五
電話番号〇三-五六八七-二六〇一（代表）
装幀者　間村俊一
印刷・製本　株式会社　精興社

ISBN978-4-480-07605-2 C0236

ちくま新書

1419
夫婦幻想
——子あり、子なし、子の成長後
奥田祥子
愛情と信頼に満ちあふれた夫婦関係は、いまや幻想なのか。不安やリスクを抱えつつも希望を見出そうとして苦闘する夫婦の実態を、綿密な取材に基づいて描き出す。

1270
仕事人生のリセットボタン
——転機のレッスン
為末大
中原淳
これまでと同じように仕事をしていて大丈夫？　右肩上がりではなくなった今後を生きていくために、自分の生き方を振り返り、明日からちょっと変わるための一冊。

1760
「家庭」の誕生
——理想と現実の歴史を追う
本多真隆
イエ、家族、夫婦、ホーム……。様々な呼び方をされるそれらをめぐる錯綜する議論を追うことで、これまで語られなかった近現代日本の一面に光をあてる。

1599
ＳＤＧｓがひらくビジネス新時代
竹下隆一郎
気候危機、働き方、声を上げる消費者……。すべてがビジネスにつながっていくＳＤＧｓの時代を迎え、「これからの見取り図」を示したビジネスパーソン必読の書！

1526
統計で考える働き方の未来
坂本貴志
労働の実態、高齢化や格差など日本社会の現状、賃金や社会保障制度の変遷などを多くの統計をもとに分析し、そこから未来を予測。高齢者の働き方を考える。

1302
働く女子のキャリア格差
国保祥子
脱マミートラック！　産み、働き、活躍するために必要な職場・個人双方の働き方改革を具体的に提案。育休取得者四〇〇〇人が生まれ変わった思考転換メソッドとは？

1740
資本主義は私たちをなぜ幸せにしないのか
ナンシー・フレイザー
江口泰子訳
資本主義は私たちの生存基盤を食い物にすることで肥大化する矛盾に満ちたシステムである。世界的政治学者がそのメカニズムを根源から批判する。（解説・白井聡）

ちくま新書

1613
夫婦別姓
――家族と多様性の各国事情
栗田路子／冨久岡ナヲ／プラド夏樹
田口理穂／片瀬ケイ
斎藤淳子／伊東順子
「選べない」唯一の国、日本。別姓が可能または原則の各国はどう定めている？　家族の絆は？　「選べる」の実現に向けて、立法・司法・経済各界との討議も収録。

1125
ルポ 母子家庭
小林美希
夫からの度重なるDV、進展しない離婚調停、親子のギリギリの生活……。社会の矛盾が母と子を追い込んでいく。彼女たちの厳しい現実と生きる希望に迫る。

1163
家族幻想
――「ひきこもり」から問う
杉山春
現代の息苦しさを象徴する「ひきこもり」。閉ざされた内奥では何が起きているのか？〈家族の絆〉という神話に巨大な疑問符をつきつける圧倒的なノンフィクション。

1164
マタハラ問題
小酒部さやか
妊娠・出産を理由に嫌がらせを受ける「マタハラ」が、いま大きな問題となっている。マタハラとは何か。その実態はどういうものか。当事者の声から本質を抉る。

785
経済学の名著30
松原隆一郎
スミス、マルクスから、ケインズ、ハイエクを経てセンまで。各時代の危機に対峙することで生まれた古典には混沌とする経済の今を捉えるためのヒントが満ちている！

1283
ムダな仕事が多い職場
太田肇
日本の会社は仕事にムダが多い。顧客への過剰なサービス、不合理な組織体質への迎合は、なぜ排除されないのか？　ホワイトカラーの働き方に大胆にメスを入れる。

1312
パパ1年目のお金の教科書
岩瀬大輔
これからパパになる人に、これだけは知っておいてほしい「お金の貯め方・使い方」を一冊に凝縮。パパとして奮闘中の方にも、きっと役立つ見識が満載です。

ちくま新書

619
経営戦略を問いなおす
三品和広
戦略と戦術を混同する企業が少なくない。見せかけの「戦略」は企業を危うくする。現実のデータと事例を数多く紹介し、腹の底からわかる「実践的戦略」を伝授する。

1647
会計と経営の七〇〇年史
——五つの発明による興奮と狂乱
田中靖浩
簿記、株式会社、証券取引所、利益計算、情報公開。今やビジネスに欠かせない仕組みが誕生した瞬間を、見てきたように語ります。世界初、会計講談！

1274
日本人と資本主義の精神
田中修
日本経済の中心で働き続けてきた著者が、日本人の精神から、日本型資本主義の誕生、歩み、衰退の流れを様々な資料から丹念に解き明かす。再構築には何が必要か？

1745
福沢諭吉 変貌する肖像
——文明の先導者から文化人の象徴へ
小川原正道
福沢の思想は毀誉褒貶にさらされてきた。その世論の動向を見ていけば日本近現代史が見えてくる。福沢評価の変遷の系譜をたどり、福沢の実像を浮かび上がらせる。

1332
ヨーロッパで勝つ！ ビジネス成功術
——日本人の知らない新常識
塚谷泰生
EPA合意でヨーロッパビジネスの大チャンスがやってきた。日本製品は交渉術を身につければ必ず売れる。経験豊富な元商社マンが伝授する、ビジネス成功の極意。

1443
ドル化とは何か
——日本で米ドルが使われる日
土田陽介
財政破綻に陥った新興国で進む「ドル化」。自国通貨と共に外国通貨を利用するこの現象を通じて、通貨危機の足音が着実に忍び寄る日本経済の現状を分析する。

1516
渋沢栄一
——日本のインフラを創った民間経済の巨人
木村昌人
日本の産業基盤と民主化を創出した「民間」の巨人、渋沢の生涯とその思想の全貌に迫る決定版。東アジアの一国がどう時代を切り拓くかを熟考したリーダーの軌跡。

ちくま新書

1521
ルポ 入管
――絶望の外国人収容施設
平野雄吾
「お前らを日本から追い出すために入管（ここ）があるんだ」。密室で繰り広げられる暴行、監禁、医療放置――。巨大化する国家組織の知られざる実態。

1664
国連安保理とウクライナ侵攻
小林義久
5常任理事国の一角をなすロシアの暴挙により、安保理は機能不全に陥った。拒否権という特権の成立から、国連を舞台にしたウクライナ侵攻を巡る攻防まで。

1697
ウクライナ戦争
小泉悠
2022年2月、ロシアがウクライナに侵攻した。21世紀最大規模の戦争はなぜ起こり、戦場では何が起きているのか？　気鋭の軍事研究者が、その全貌を読み解く。

1739
ウクライナ動乱
――ソ連解体から露ウ戦争まで
松里公孝
ウクライナの現地調査に基づき、ロシアのクリミア併合、ドンバスの分離政権と戦争、ロシアの対ウクライナ開戦準備など、その知られざる実態を内側から徹底的に解明。

1741
報道弾圧
――言論の自由に命を賭けた記者たち
東京新聞外報部
新型コロナ発生を指摘して拘束、軍事機密をスクープしたら国家反逆罪で逮捕、政権批判で暗殺、スパイ容疑で死刑。むき出しの報道弾圧と戦う記者たちを描く。

1518
メディアが動かすアメリカ
――民主政治とジャーナリズム
渡辺将人
メディアは政治をいかに動かし、また動かされてきたのか。アメリカのテレビと選挙の現場を知り尽くした著者が解き明かす、超大国アメリカの知られざる姿。

1702
ルポ プーチンの破滅戦争
――ロシアによるウクライナ侵略の記録
真野森作
なぜウクライナ戦争が起こったのか、戦時下で人々はどうしているか。虐殺の街で生存者の声を聞いた記者が、露プーチン大統領による理不尽な侵略行為を告発する。